W0225081

Zauberhafte

Häkeltiere

neue Ideen

Emma Varnam

Zauberhafte Häkeltiere

neue Ideen

Weltbild

Inhalt

Die Tiere

Die Kleidung

Die Jungs

Die Grundtechniken

Die Mädchen

Vorwort

Spielsachen für Kinder anzufertigen gehört zu meinen größten Freuden. Wenn dabei dann auch noch eine Figur mit „Kissenfaktor“ entsteht – umso besser! Damit meine ich ein Kuscheltier, das zum besten Freund des Kindes wird: eine Figur, die all seine Geheimnisse erfährt, spielerisch allerlei Abenteuer miterlebt und vielleicht sogar noch während der Teenagerjahre einen festen Platz auf dem Kissen ihres Besitzers hat. Eine solche Puppe oder ein Kuscheltier muss Charakter und Persönlichkeit haben, und ich finde, dass die allerbesten Kuscheltiere handgemacht sind. Das liegt daran, dass sie einzigartig sind, unverwechselbar in Gesicht und Ausdruck, und dass in jede einzelne Masche Liebe eingehäkelt ist.
Als mein erstes Buch „Zauberhafte Häkeltiere“ erschienen war, sah ich allenthalben Bilder der hinreißenden Tiere, die HäklerInnen nach meinen Anleitungen gearbeitet hatten, und das erfreute mein Herz. Nette Leserinnen sandten mir Anfragen: Ob ich einen Löwen entwerfen könne? Wie wär's mit einem Affen? Ich sammelte diese Ideen, und „Zauberhafte Häkeltiere – neue Ideen“ ist das Ergebnis aus diesen Anfragen, meiner eigenen Fantasie und dem Wunsch nach weiteren Kleidungsstücken für unsere Familie der Kuscheltiere.
Wenn Sie bereits Tiere aus meinem ersten Buch gehäkelt haben, passen ihnen die neuen Kleidungsstücke ebenfalls. Sie müssen nur darauf achten, Garne derselben Stärke wie für Ihre Tiere zu verwenden. Auf Anregungen von LeserInnen hin habe ich ein paar kleine Änderungen an meinen Modellen vorgenommen. Den Technikteil habe ich durch einige Tipps und Hinweise ergänzt, mit denen Ihr fertiges Tier perfekt gelingt.
Mein wichtigster Tipp lautet aber: Haben Sie Spaß am Häkeln der Tiere und ihrer Outfits. Mischen Sie die Kleidungsstücke, tauschen Sie die Farben aus, und kreieren Sie eine üppige Garderobe zu Ihrer Freude (und zu der Ihrer Tiere).

Emma Varnam

P.S.: Wir würden uns freuen, die von Ihnen gehäkelten Tiere zu sehen. Teilen Sie deshalb gern Ihre Bilder davon unter dem Hashtag #cutecrochetedanimals in den sozialen Medien.

Anleitung für Peggy
und Jeff siehe Seite 22.

Anleitung für Molly und Billy siehe Seite 34.

Anleitung für Maisie und Sidney siehe Seite 46.

Anleitung für Ada und Roger siehe Seite 60.

*Anleitung für Barbara
und Cyril siehe Seite 72.*

Die Tiere

Peggy ist eine echte Träumerin, die für ihr Leben gern Gedichte schreibt und romantische Geschichten liest. Ihr Kopf steckt immer voller Pläne für Reisen in ferne Länder, halsbrecherische Bergtouren und abenteuerliche Segeltörns.

Peggy

Jeff

Voller Energie beginnt Jeff jeden Tag mit ein paar Turnübungen zum Aufwachen. Danach sieht man ihn oft durch die Stadt joggen oder auf dem Fahrrad zu einem neuen Abenteuer strampeln. Bei jeder Party ist Jeff der Erste auf der Tanzfläche.

Peggy & Jeff

Die Zebras

Die Streifen der Zebras entstehen durch den Wechsel der Garnfarbe nach jeweils drei Runden. Am unauffälligsten gelingt der Farbwechsel auf der Rückseite der Gliedmaßen. Bei Jeffs Top mit dem farbenfrohen Zickzackmuster wird jeweils nur unter den hinteren Maschengliedern eingestochen, sodass die Zacken zusätzlich eine plastische Struktur bekommen.

Material und Zubehör

- Rowan Baby Cashsoft Merino (57 % Wolle, 33 % Polyacryl, 10 % Kaschmir; LL 130 m/50 g):

Für Peggy

A 50 g in Snowflake (Fb 101)
B 50 g in Anthracite (Fb 120)
C 50 g in Lily (Fb 117) für die Unterhose

Für Jeff

A 50 g in Snowflake
B 50 g in Anthracite (Fb 120)
C 50 g in Turquoise (Fb 118) für die Unterhose

- Häkelnadel 3,5 mm
- Sicherheitsnadel
- Wollnadel
- Kunstfaser-Füllwatte
- Sicherheitsaugen
- Stickgarn in Braun für die Nüstern
- Schere

Größe

Die Zebras sind 30 cm groß.

Ohren (2 x arb)

Mit der Häkelnd 3,5 mm und Fb B einen Fadenring arb (siehe Seite 112).
1. Runde: 1 Lm, 4 fM in den Fadenring arb (= 4 M).
2. Runde: * 1 fM in die nächste M, 1 fM verd; ab * noch 1 x wdh (= 6 M).
3. Runde: * Je 1 fM in die nächsten 2 M, 1 fM verd; ab * noch 1 x wdh (= 8 M).
4.–6. Runde: 1 fM in jede M der Vorrd arb.
7. Runde: * Je 1 fM in die nächsten 2 M, 2 fM zus abm (= 6 M).
8. Runde: 1 fM in jede M der Vorrd arb.
Den Faden bis auf ein 20 cm langes Fadenende abschneiden und sichern. Das Ohr flach drücken. Beide Lagen mit dem Fadenende zusammennähen.

Kopf

Mit der Häkelnd 3,5 mm und Fb B einen Fadenring arb.
1. Runde: 1 Lm, 6 fM in den Fadenring arb (= 6 M).
2. Runde: 2 fM in jede M der Vorrd arb (= 12 M).
3. Runde: 6 x [1 fM in die nächste M, 1 fM verd] (= 18 M).
4. Runde: 6 x [2 fM, 1 fM verd] (= 24 M).
5.–8. Runde: 1 fM in jede M der Vorrd arb.
9. Runde: Zu Fb A wechseln; 1 fM in jede M der Vorrd arb.
10. Runde: 6 x [3 fM, 1 fM verd] (= 30 M).
11. Runde: 6 x [4 fM, 1 fM verd] (= 36 M).
12. Runde: Zu Fb B wechseln; 6 x [5 fM, 1 fM verd] (= 42 M).
13. Runde: 6 x [6 fM, 1 fM verd] (= 48 M).
14. Runde: 1 fM in jede M der Vorrd arb.
15.–17. Runde: Zu Fb A wechseln; 3 Rd fM häkeln.
18. und 19. Runde: Zu Fb B wechseln; 2 Rd fM häkeln.
Schlitze für die Ohren arb wie folgt:
20. Runde: 18 fM, 3 Lm, 3 M übergehen, 6 fM, 3 Lm, 3 M übergehen, 18 fM.
21. Runde: Zu Fb A wechseln; 1 fM in jede fM und jede Lm.
22. Runde: 1 Rd fM häkeln.
23. Runde: 6 x [6 fM, 2 fM zus abm] (= 42 M).
24. Runde: Zu Fb B wechseln; 6 x [5 fM, 2 fM zus abm] (= 36 M).
25. Runde: 6 x [4 fM, 2 fM zus abm] (= 30 M).
26. Runde: 6 x [3 fM, 2 fM zus abm] (= 24 M).
An diesem Punkt erst einmal pausieren und die Arbeitsschlinge auf einer Sicherheitsnd stilllegen. Die Sicherheitsaugen gemäß den Fotos einsetzen. Dann die Ohren mit der Unterkante in die Schlitze schieben und fest annähen. Den Kopf fest mit Füllwatte ausstopfen. Die Arbeitsschlinge wieder auf die Häkelnd nehmen und weiter M abn wie folgt:
27. Runde: Zu Fb A wechseln; 6 x [2 fM, 2 fM zus abm] (= 18 M).
28. Runde: 6 x [1 fM, 2 fM zus abm] (= 12 M).
29. Runde: Fortlfd 2 fM zus abm bis Rd-Ende (= 6 M).
Den Faden abschneiden und sichern. Den Kopf vollends mit Füllwatte ausstopfen. Die letzten 6 M mit dem Fadenende zusammenziehen und das Fadenende vernähen. Die Nüstern mit braunem Garn im Plattstich aufsticken (siehe Seite 122). Für die Mähne 6 Fadenstücke à 6 cm in Fb B zwischen den Ohren einknüpfen: Dazu die Häkelnd durch die M stechen, das Fadenstück mittig zusammenlegen, die Schlinge mit der Häkelnd durchziehen, dann die freien Fadenenden durch die Schlinge holen und festziehen. Auf diese Weise weitere Fransen farblich zu den Streifen passend entlang des Hinterkopfes einknüpfen. Die

Fransen auf gleiche Länge zurückschneiden.

Arme (2 x arb)

Mit der Häkelnd 3,5 mm und Fb B 12 Lm anschl und mit 1 Km zum Ring schließen.
1. Runde: 1 Lm, 1 fM in die 1. Lm, je 1 fM in jede Lm bis Rd-Ende (= 12 M).
2. Runde: 4 x [2 fM, 1 fM verd] (= 16 M).
3. Runde: 4 x [3 fM, 1 fM verd] (= 20 M).
4.–7. Runde: 4 Rd fM häkeln.
8.–10. Runde: Zu Fb A wechseln; 3 Rd fM häkeln.
11. und 12. Runde: Zu Fb B wechseln; 2 Rd fM häkeln.
13. Runde: 4 x [3 fM, 2 fM zus abm] (= 16 M).
14.–16. Runde: Zu Fb A wechseln; 3 Rd fM häkeln.
17.–19. Runde: Zu Fb B wechseln; 3 Rd fM häkeln.
20. Runde: Zu Fb A wechseln; 1 Rd fM häkeln.
21. Runde: 4 x [2 fM, 2 fM zus abm] (= 12 M).
22. Runde: 1 Rd fM häkeln.
23. und 24. Runde: Zu Fb B wechseln; 2 Rd fM häkeln.
25. Runde: 2 x [4 fM, 2 fM zus abm] (= 10 M).
26. Runde: 1 Rd fM häkeln.
Den Faden abschneiden und sichern. Den Arm mittig zusammenlegen und die Anfangs-Lm für die Pfote zusammennähen. Beide Arme mit Füllwatte ausstopfen.

Füße und Beine (2 x arb)

Mit der Häkelnd 3,5 mm und Fb B 8 Lm anschl. Rund um diese zentrale Lm-Kette häkeln, sodass eine ovale Fußsohle entsteht. In fortlfd Spiralrd häkeln und die letzte M der Rd markieren.
1. Runde: 1 fM in die 2. Lm von der Häkelnd aus, je 1 fM in die nächsten 6 fM, 2 Lm, je 1 fM in jede Lm auf der anderen Seite der Lm-Kette, 2 Lm (= 18 M).
2. Runde: 7 fM, 3 fM in den Lm-Bg, 7 fM, 3 fM in den Lm-Bg (= 20 M).
3. Runde: 7 fM, je 2 fM in jede der 3 End-fM, 7 fM, je 2 fM in jede der 3 End-fM (= 26 M).
4. Runde: 1 fM ins hMg jeder fM der Vorrd.
5.–7. Runde: 3 Rd fM häkeln.
8. Runde: 8 fM, 3 x 2 fM zus abm, 12 fM (= 23 M).
9. Runde: 8 fM, 3 fM zus abm, 10 fM, 2 fM zus abm (= 20 M).
10.–12. Runde: Zu Fb A wechseln; 3 Rd fM häkeln.
13.–15. Runde: Zu Fb B wechseln; 3 Rd fM häkeln.
16.–27. Runde: Die 10.–15. Rd noch 2 x wdh, dabei jeweils nach 3 Rd die Garn-Fb wechseln.
Den Faden bis auf ein 20 cm langes Fadenende abschneiden und sichern. Beide Füße und Beine fest mit Füllwatte ausstopfen. Das obere Ende jedes Beins quer zusammenlegen und über die M an der Oberkante der Beine den Körper anhäkeln.

Körper

Den Faden in Fb C (= Fb der Unterhose) an der Rückseite des linken Beins anschlingen, 20 fM arb, dann über die M des rechten Beins 20 fM arb (= 40 M insgesamt). In Spiralrd weiterhäkeln wie folgt:
1. Runde: 1 Rd fM häkeln (= 40 M).
2. Runde: 4 x [9 fM, 1 fM verd] (= 44 M).
3. Runde: 1 Rd fM häkeln.
4. Runde: 4 x [10 fM, 1 fM verd] (= 48 M).
5.–8. Runde: 4 Rd fM häkeln.
Zu Fb A wechseln.
9. und 10. Runde: 2 Rd fM häkeln.
11. Runde: 4 x [10 fM, 2 fM zus abm] (= 44 M).
12.–14. Runde: Zu Fb B wechseln; 3 Rd fM häkeln.
15. Runde: Zu Fb A wechseln; 1 Rd fM häkeln.
16. Runde: 4 x [9 fM, 2 fM zus abm] (= 40 M).
17. Runde: 1 Rd fM häkeln.
18.–20. Runde: Zu Fb B wechseln; 3 Rd fM häkeln.
21. Runde: Zu Fb A wechseln; 4 x [8 fM, 2 fM zus abm] (= 36 M).
22. und 23. Runde: 2 Rd fM häkeln.
24. und 25. Runde: Zu Fb B wechseln; 2 Rd fM häkeln.
26. Runde: 4 x [7 fM, 2 fM zus abm] (= 32 M).
In der nächsten Rd die Arme anhäkeln; dazu in die M an der Oberkante der Arme einstechen. Die Arme seitlich am Körper platzieren und feststecken.
27. Runde: 1 fM in jede M bis zum 1. Arm, den 1. Arm mittig zusammenlegen, * je 1 fM in die nächsten 5 fM durch beide Lagen des Arms und die entsprechenden fM des Körpers hindurch *, je 1 fM in jede M der Körper-Vorderseite bis zum nächsten Arm, von * bis * beim anderen Arm wdh, 1 fM in jede fM des Körpers bis Rd-Ende (= 32 M).
28. Runde: 1 Rd fM häkeln.
Den Faden bis auf ein 20 cm langes Fadenende abschneiden und sichern.
Mit einer Wollnd das Fadenende durch die fM der letzten Rd führen und die Halsöffnung auf einen Durchmesser von 10 cm leicht zusammenziehen.
Füße, Beine und Körper fest mit Füllwatte ausstopfen. Den Kopf fest auf die Halsöffnung des Körpers nähen.

Schwanz

Mit der Häkelnd 3,5 mm und Fb A 14 Lm anschl.
1. Reihe: Je 1 fM in die 2. Lm von der Häkelnd aus und in jede folg Lm bis R-Ende; wenden (= 13 M).
2. Reihe: 1 fM in jede M bis R-Ende.
Den Faden bis auf ein längeres Fadenende abschneiden und sichern.
4 jeweils 6 cm lange Fadenstücke in Fb B zuschneiden. Diese Fadenstücke mittig zusammenlegen, die Schlinge mithilfe der Häkelnd durch das Schwanzende holen, die Fadenenden durch die Schlinge führen und festziehen. Die Schwanzquaste in Form schneiden.
Den Schwanz fest am Hinterteil des Zebras annähen.

Kleidung für die Zebras

Jeffs Top

Material und Zubehör

- Rowan Baby Cashsoft Merino (57 % Wolle, 33 % Polyacryl, 10 % Kaschmir; LL 130 m/50 g):

A 50 g in Turquoise (Fb 118)
B 50 g in Apple (Fb 110)
C 50 g in Lily (Fb 117)

- Häkelnadel 3,5 mm
- Wollnadel
- 2 Knöpfe, ∅ 9 mm

Hinweis: Das Top wird in Spiralrd in die hinteren Maschenglieder (hMg) gehäkelt. Im oberen Teil, der in R gehäkelt wird, arb Sie nur Hinr: Stets an der rechten Kante beginnen, von rechts nach links häkeln und den Faden am R-Ende abschneiden.

Mit der Häkelnd 3,5 mm und Fb A 48 Lm anschl und mit 1 Km zum Ring schließen. In Spiralrd von unten nach oben weiterarb, dabei stets in die hMg einstechen.
1. Runde: 1 Lm, 1 fM in jede Lm; MM einhängen (= 48 M).
2. Runde: 1 Rd fM in die hMg der Vorrd häkeln.
Alle folg fM in die hMg der Vorrd arb:
3. Runde: 4 x [in Fb B 1 fM, in Fb A 11 fM].
4. Runde: 4 x [in Fb B 2 fM, in Fb A 9 fM, in Fb B 1 fM].
5. Runde: 4 x [in Fb B 3 fM, in Fb A 7 fM, in Fb B 2 fM].
6. Runde: 4 x [in Fb C 1 fM, in Fb B 3 fM, in Fb A 5 fM, in Fb B 3 fM].
7. Runde: 4 x [in Fb C 2 fM, in Fb B 3 fM, in Fb A 3 fM, in Fb B 3 fM, in Fb C 1 fM].
8. Runde: 4 x [in Fb C 3 fM, in Fb B 3 fM, in Fb A 1 fM, in Fb B 3 fM, in Fb C 2 fM].
Den Faden in Fb A abschneiden und sichern.
9. Runde: 4 x [in Fb C 4 fM, in Fb B 5 fM, in Fb C 3 fM].
10. Runde: 4 x [in Fb C 5 fM, in Fb B 3 fM, in Fb C 4 fM].
11. Runde: 4 x [in Fb C 6 fM, in Fb B 1 fM, in Fb C 5 fM]. Den Faden in Fb B abschneiden und sichern.
Das Top in Fb C weiterhäkeln wie folgt:
12. Runde: 1 Rd fM arb.
13. Runde: 4 x [10 fM, 2 fM zus abm] (= 44 M).
14.–16. Runde: 3 Rd fM arb.
Nun in R weiterhäkeln. Entscheiden Sie, welche Seite das Vorder- und welche das Rückenteil sein soll. 16 M für das Vorderteil markieren, dann jeweils 6 M für die Armausschnitte übergehen und 16 M für das Rückenteil markieren.

Vorderteil

Den Faden in Fb C von der rechten Seite der Arbeit aus an der rechten äußeren M des Vorderteils anschlingen. Weiter fM in die hMg und nur Hinr arb (siehe Hinweis oben):
1. Reihe: 1 Lm, 1 fM in die M am Fuß der Lm, 15 fM. Den Faden abschneiden und sichern.
2.–6. Reihe: Wie die 1. R häkeln.
Den Faden abschneiden und sichern. Die Fadenenden vernähen.

Rückenteil

Den Faden in Fb C von der rechten Seite der Arbeit aus an der rechten äußeren M des Rückenteils anschlingen. Weiter fM in die hMg und nur Hinr arb (siehe Hinweis oben):
1. Reihe: 1 Lm, 1 fM in die M am Fuß der Lm, 15 fM. Den Faden abschneiden und sichern.
2.–5. Reihe: Wie die 1. R häkeln.
In die letzte R Knopfschlaufen einhäkeln wie folgt:
6. Reihe: 5 Lm, 1 fM in die M am Fuß der Lm, 14 fM, 5 Lm, 1 fM in die letzte M.
Den Faden abschneiden und sichern. Die Fadenenden vernähen.

Fertigstellung

Die beiden kleinen Knöpfe passend zu den Knopfschlaufen des Rückenteils am Vorderteil annähen.

Jeffs Shorts

Material und Zubehör

- Rowan Baby Cashsoft Merino (57 % Wolle, 33 % Polyacryl, 10 % Kaschmir; LL 130 m/50 g), 50 g in Royal Baby (Fb 119)
- Häkelnadel 3,5 mm
- Wollnadel

Mit der Häkelnd 3,5 mm 28 Lm anschl und mit 1 Km zum Ring schließen. In Spiralrd weiterhäkeln.

1. Hosenbein

1. Runde: 1 Lm, 1 fM in jede Lm (= 28 M).
2.–8. Runde: 7 Rd fM arb. Den Faden abschneiden und sichern.

2. Hosenbein

Wie das 1. Hosenbein häkeln, jedoch den Faden nicht abschneiden. Den Rd-Beginn markieren.
9. Runde: Die beiden Hosenbeine verbinden. Dazu je 1 fM in die 28 M des 1. Hosenbeins und anschließend in die 28 M des 2. Hosenbeins häkeln (= 56 M).
10.–12. Runde: 3 Rd fM arb.
13. Runde: 1 fM in jede M bis 2 M vor MM, 2 Lm, MM platzieren, 2 M übergehen.
14. Runde: 2 Lm, 2 M übergehen (= insgesamt 4 M übergangen), 1 fM in die nächste M, 9 fM, 2 fM zus abm, 4 x [8 fM, 2 fM zus abm], je 1 fM in die nächsten 2 Lm (= 51 M).
15. Runde: Je 1 fM in die nächsten 2 Lm und in jede folg M bis Rd-Ende.
16.–18. Runde: 3 Rd fM häkeln.
19. Runde: 1 fM, 5 x [8 fM, 2 fM zus abm] (= 46 M).
20.–23. Runde: 4 Rd fM arb.
1 Rd fM in die hMg arb.
Den Faden abschneiden und sichern. Die Fadenenden vernähen.

Jeffs Stirnband

Material und Zubehör

- Rowan Baby Cashsoft Merino (57 % Wolle, 33 % Polyacryl, 10 % Kaschmir; LL 130 m/50 g), Rest in Lily (Fb 117)
- Häkelnadel 3,5 mm
- Wollnadel

Mit der Häkelnd 3,5 mm 36 Lm anschl.
1. Reihe: Je 1 hStb in die 3. Lm von der Häkelnd aus und in jede folg Lm bis R-Ende.
Den Faden abschneiden und die Enden des Streifens zusammennähen.

Jeffs Sporttasche

Material und Zubehör

- Rowan Baby Cashsoft Merino (57 % Wolle, 33 % Polyacryl, 10 % Kaschmir; LL 130 m/50 g), Reste in A Turquoise (Fb 118) und B Lily (Fb 117)
- Häkelnadel 3,5 mm
- Wollnadel
- 1 Knopf, Ø 10 mm

Endteil (2 x arb)

Mit der Häkelnd 3,5 mm und Fb A einen Fadenring arb.
1. Runde: 1 Lm, 8 fM in den Fadenring arb.
2. Runde: 2 fM in jede M der Vorrd (= 16 M).
3. Runde: 8 x [1 fM, 1 fM verd] (= 24 M).
4. Runde: 8 x [2 fM, 1 fM verd] (= 32 M).
5. Runde: 1 fM in jede M der Vorrd arb.
Den Faden abschneiden und sichern. Die Fadenenden vernähen.

Seiten

Mit der Häkelnd 3,5 mm und Fb A 16 Lm anschl.
1. Reihe: Je 1 fM in die 2. Lm von der Häkelnd aus und in jede folg Lm bis R-Ende; wenden (= 15 M).
2.–30. Reihe: 1 Lm, 1 fM in jede M bis R-Ende; wenden.
31. Reihe: 7 Km, 3 Lm, 1 M übergehen, 7 Km. Den Faden abschneiden und sichern. Die Fadenenden vernähen.

Henkel

Mit der Häkelnd 3,5 mm und Fb B 81 Lm anschl.
1. Reihe: Je 1 fM in die 2. Lm von der Häkelnd aus und in jede folg Lm bis R-Ende (= 80 M).
Den Streifen für die Henkel als Schlaufe so auf dem Teil für die Seiten der Tasche platzieren, dass in der Mitte der Längsseiten 2 Griffe entstehen. Die Streifenenden sollten sich auf der Unterseite der Tasche treffen. Das Teil annähen. Den Knopf an der Seite passend zum Knopfloch annähen.
Ein Endteil links auf links an ein Ende der Tasche stecken und mit fM anhäkeln. Das andere Endteil ebenso anhäkeln.

Jeffs Beinstulpen (2 x arb)

Material und Zubehör

- Rowan Baby Cashsoft Merino (57 % Wolle, 33 % Polyacryl, 10 % Kaschmir; LL 130 m/50 g), Rest in Turquoise (Fb 118)
- Häkelnadel 3,5 mm
- Wollnadel

Mit der Häkelnd 3,5 mm 22 Lm anschl und mit 1 Km zum Ring schließen. In Spiralrd häkeln.
1. Runde: 3 Lm (zählt als 1. M), 1 Stb in jede Lm arb (= 22 M).
2.–9. Runde: 1 fM in jede M der Vorrd arb (= 22 M).
10. Runde: 3 Lm (zählt als 1. M), die M an der Basis der 3 Anfangs-Lm übergehen, 1 Stb in jede folg M bis Rd-Ende (= 22 M).
Den Faden abschneiden und sichern. Die Fadenenden vernähen.

Peggy achtet sehr auf ihre Haut und trägt deshalb immer einen Sonnenhut, wenn sie draußen unterwegs ist.

Peggy liebt das niedliche Herzchen auf ihrem adretten Kleid.

Das sind Peggys Lieblingsschuhe, denn sie sind schick, aber trotzdem bequem genug für längere Streifzüge.

Nach einem Tag auf dem Land kommt Peggy immer mit einem dicken Wiesenblumenstrauß nach Hause.

Das Stirnband verhindert, dass Jeff beim Joggen die Mähne in die Augen hängt.
In seiner Sporttasche schleppt Jeff immer reichlich Proviant und Wasser mit, um jederzeit einen Energieschub für seine Spiele zur Hand zu haben.
Das Zickzack-Top hat Jeff sich ausgesucht, weil es laut und fröhlich ist – genau wie er selbst.
Diese Beinstulpen in leuchtendem Türkis halten Jeffs Muskeln warm; hauptsächlich trägt er sie aber, weil sie so cool aussehen.

Peggys Kleid

Material und Zubehör

- Rowan Baby Cashsoft Merino (57 % Wolle, 33 % Polyacryl, 10 % Kaschmir; LL 130 m/50 g):

A 50 g in Apple (Fb 110)
B 50 g in Fuchsia (Fb 116)

- Häkelnadel 3,5 mm
- Wollnadel
- 2 Knöpfe, ∅ 9 mm

Hinweis: Das Kleid wird von oben nach unten in Spiralrd gehäkelt.

Mit der Häkelnd 3,5 mm und Fb A 38 Lm anschl und mit 1 Km zum Ring schließen. In Spiralrd häkeln.
1. Runde: 1 Lm, 1 fM in jede Lm; MM einhängen (= 38 M).
2.–5. Runde: 4 Rd fM häkeln.
6. Runde: * 17 fM, die nächsten 2 M verd; ab * 1 x wdh (= 42 M).
7.–11. Runde: 5 Rd fM häkeln.
12. Runde: * 19 fM, die nächsten 2 M verd; ab * 1 x wdh (= 46 M).
13. und 14. Runde: 2 Rd fM häkeln.
15. Runde: * 1 fM, 1 fM verd; ab * fortlfd wdh (= 69 M).
16.–29. Runde: 14 Rd fM häkeln.
Muschelkante:
30. Runde: 1 Lm, 1 fM in die M an der Basis der Lm, 17 x [1 M übergehen, 4 Stb in die nächste M, 1 M übergehen, 1 Km in die nächste M].
Den Faden abschneiden und sichern. Die Fadenenden vernähen.

Umrandung der Oberkante

Den Faden in Fb A mit 1 Km an der Oberkante des Kleides anschlingen und 1 Rd Krebsm arb (siehe Seite 116). Den Faden abschneiden und sichern. Die Fadenenden vernähen.

Träger (2 x arb)

Mit der Häkelnd 3,5 mm und Fb A 14 Lm anschl.
1. Reihe: Je 1 fM in die 2. Lm von der Häkelnd aus und in jede folg Lm bis R-Ende; wenden (= 13 M).
2. Reihe: 1 fM in jede M bis R-Ende, 5 Lm häkeln, dann den Faden bis auf ein 20 cm langes Fadenende abschneiden und sichern. Die 5 Lm mittig zur Schlinge legen und das Ende der 5 Lm am Ende des fM-Streifens annähen.

Herzmotiv

Mit der Häkelnd 3,5 mm und Fb B einen Fadenring arb.
1. Reihe: In den Fadenring 3 Lm, 2 DStb, 3 Stb, 1 Lm, 1 DStb, 1 Lm, 3 Stb, 2 DStb, 3 Lm, 1 Km arb.
Den Faden abschneiden und sichern. Das Herz auf das Vorderteil des Kleides nähen.

Fertigstellung

Die gerade Schmalseite beider Träger so am Vorderteil des Kleides annähen, dass die Träger bequem über die Schultern des Tieres reichen. Dann die beiden Knöpfchen so an der Innenseite des Rückenteils annähen, dass die Träger mit den Schlingen am anderen Ende daran angeknöpft werden können.

Peggys Schuhe (2 x arb)

Material und Zubehör

- Rowan Baby Cashsoft Merino (57 % Wolle, 33 % Polyacryl, 10 % Kaschmir; LL 130 m/50 g): 50 g in Fuchsia (Fb 116)
- Häkelnadel 3,5 mm
- Wollnadel

Hinweis: In fortlfd Spiralrd häkeln und die letzte M der Rd markieren.

Mit der Häkelnd 3,5 mm 8 Lm anschl. Rund um diese zentrale Lm-Kette häkeln, sodass eine ovale Fußsohle entsteht.
1. Runde: 1 fM in die 2. Lm von der Häkelnd aus, je 1 fM in die nächsten 6 fM, 2 Lm, je 1 fM in jede Lm auf der anderen Seite der Lm-Kette, 2 Lm (= 18 M).
2. Runde: 7 fM, 3 fM in den Lm-Bg, 7 fM, 3 fM in den Lm-Bg (= 20 M).
3. Runde: 7 fM, je 2 fM in jede der 3 End-fM, 7 fM, je 2 fM in jede der 3 End-fM (= 26 M).
4. Runde: 1 fM ins hMg jeder fM der Vorrd, die Rd mit 1 Km in die 1. fM schließen.
5.–7. Runde: 3 Rd fM häkeln.
Den Faden abschneiden und sichern. Die Fadenenden vernähen.

Riemchen (2 x arb)

Mit der Häkelnd 3,5 mm 12 Lm anschl.
1. Reihe: Je 1 fM in die 2. Lm von der Häkelnd aus und in jede folg Lm bis R-Ende; wenden (= 11 M).
Die Enden der Riemchen etwa in der Mitte rechts und links auf der Innenseite jedes Schuhs annähen.

Peggys Sonnenhut

Material und Zubehör

- 1 Strang Naturbast
- Häkelnadel 5 mm
- Wollnadel
- Schere

Hinweis: Der Bast wird in verhältnismäßig kurzen Stücken geliefert. Sie können die einzelnen Fäden mit kleinen Knoten verbinden und die Enden nach Abschluss der Häkelarbeit zurückschneiden.

Mit der Häkelnd 5 mm einen Fadenring arb.
1. Runde: 1 Lm, 8 fM in den Fadenring (= 8 M).
2. Runde: 2 fM in jede M (= 16 M).
3. Runde: 8 x [1 fM, 1 fM verd] (= 24 M).
4. Runde: 8 x [2 fM, 1 fM verd] (= 32 M).
5. und 6. Runde: 2 Rd fM häkeln.
Schlitze für die Ohren arb wie folgt:
7. Runde: 2 fM, 5 Lm, 5 M übergehen, 5 fM, 5 Lm, 5 M übergehen, 15 fM (= 32 M).
8. Runde: 1 fM in jede fM und jede Lm.
9. Runde: 2 fM in jede M (= 64 M).
10. Runde: 1 Rd fM häkeln.
Den Faden abschneiden und sichern.
Die Fadenenden auf der Innenseite des Hutes abschneiden.
11. Runde: Von der linken Seite der Arbeit (= Innenseite der Krempe) aus 1 Rd Km in die letzte Rd der Krempe häkeln.

Hutband

Zwischen der 8. und 9. Rd 1 Rd Km aufhäkeln.
Den Faden abschneiden und sichern. Die Fadenenden vernähen. Alle abstehenden Bastfädchen zurückschneiden.

Peggys Blumen

Material und Zubehör

- Scheepjes Merino Soft (50 % extrafeine Merinowolle mit Superwash-Ausrüstung, 25 % Mikrofaser, 25 % Polyacryl; LL 105 m/50 g), Reste in A Dürer (Fb 644), B Da Vinci (Fb 644) und C Miró (Fb 646)
- Häkelnadel 3,5 mm
- Wollnadel

Blüte (7 x arb)

Mit der Häkelnd 3,5 mm und Fb A einen Fadenring arb.

1. Runde: 1 Lm, 6 fM in den Fadenring, die Rd mit 1 Km schließen.

2. Runde: Zu Fb B wechseln; den Faden mit 1 Km anschlingen, * 2 Lm, 1 fM, 1 Km in die nächste M; ab * noch 5 x wdh. Den Faden abschneiden und sichern. Die Fadenenden vernähen.

Stängel (7 x arb)

Mit der Häkelnd 3,5 mm und Fb C 12 Lm anschl.

1. Reihe: Je 1 Km in die 2. Lm von der Häkelnd aus und in jede folg Lm bis R-Ende. Den Faden bis auf ein langes Fadenende abschneiden und sichern. Den Stängel mithilfe des Fadenendes auf der Rückseite der Blüte annähen.
Wenn alle 7 Blüten fertig sind, die Stängel mit einem 20 cm langen Fadenstück umwickeln. Den Faden zuletzt zur Schleife binden und die Enden zurückschneiden.

Molly möchte eines Tages ein Filmstar werden, aber bis dahin fühlt sie sich in der Schauspielgruppe pudelwohl. In ihrer Freizeit geht sie am liebsten ins Theater und liest viel.

Molly

Billy

Billys größte Leidenschaft ist das Skateboardfahren. Er steht sogar beim Zähneputzen auf dem Board. Darüber hinaus spielt er gern Schlagzeug und unterstützt die Fußballmannschaft seines Heimatorts, auch wenn er als echter Fan dafür manchmal im Regen stehen muss.

Molly & Billy

Die Affen

Molly trägt einen zauberhaften Trägerrock und passende Schuhe mit applizierten Blüten. Sie könnten ihr eine Auswahl an Streifentops in verschiedenen Farben häkeln. Mit seinem lässigen Hoodie und der kessen Kappe ist Billy womöglich der coolste Typ in unserer Tierbande.

Material und Zubehör

- Scheepjes Merino Soft (50 % extrafeine Merinowolle mit Superwash-Ausrüstung, 25 % Mikrofaser, 25 % Polyacryl; LL 105 m/50 g):

Für Molly

A 100 g in Rembrandt (Fb 609)
B 50 g in Da Vinci (Fb 606)
C 50 g in Dürer (Fb 644) für die Unterhose

Für Billy

A 100 g in Rembrandt (Fb 609)
B 50 g in Da Vinci (Fb 606)
C 50 g in Dürer (Fb 644) für die Unterhose

- Häkelnadel 3,5 mm
- Sicherheitsnadel
- Wollnadel
- Kunstfaser-Füllwatte
- Sicherheitsaugen
- Baumwollsticktwist in Mittelbraun für Nase und Maul

Größe

Die Affen sind 30 cm groß.

Ohren (2 x arb)

Mit der Häkelnd 3,5 mm und Fb B einen Fadenring arb (siehe Seite 112).
1. Runde: 1 Lm, 6 fM in den Fadenring arb (= 6 M).
2. Runde: 2 fM in jede M (= 12 M).
3.–5. Runde: 1 fM in jede M der Vorrd arb.
6. Runde: 6 x 2 fM zus abm (= 6 M).
Den Faden bis auf ein 20 cm langes Fadenende abschneiden und sichern. Das Ohr flach streichen.

Schnauze

Mit der Häkelnd 3,5 mm und Fb B 8 Lm anschl. Rund um diese zentrale Lm-Kette häkeln, sodass eine ovale Basis für die Schnauze entsteht. In fortlfd Spiralrd häkeln und die letzte M der Rd markieren.
1. Runde: 1 fM in die 2. Lm von der Häkelnd aus, je 1 fM in die nächsten 6 fM, 2 Lm, je 1 fM in jede Lm auf der anderen Seite der Lm-Kette, 2 Lm (= 18 M).
2. Runde: 7 fM, 3 fM in den Lm-Bg, 7 fM, 3 fM in den Lm-Bg (= 20 M).
3. Runde: 7 fM, je 2 fM in jede der 3 End-fM, 7 fM, je 2 fM in jede der 3 End-fM (= 26 M).
4.–6. Runde: 3 Rd fM häkeln.
Den Faden bis auf ein 20 cm langes Fadenende abschneiden und sichern.

Kopf

Mit der Häkelnd 3,5 mm und Fb B einen Fadenring arb.
1. Runde: 1 Lm, 6 fM in den Fadenring arb (= 6 M).
2. Runde: 2 fM in jede M (= 12 M).
3. Runde: 6 x [1 fM in die nächste M, 1 fM verd] (= 18 M).
4. Runde: 6 x [2 fM, 1 fM verd] (= 24 M).
5. Runde: 6 x [3 fM, 1 fM verd] (= 30 M).
6. Runde: 6 x [4 fM, 1 fM verd] (= 36 M).
7. Runde: Zu Fb A wechseln; in die hMg der Vorrd häkeln: 6 x [5 fM, 2 fM zus abm] (= 42 M).
8. Runde: 6 x [6 fM, 1 fM verd] (= 48 M).
9.–14. Runde: 6 Rd fM häkeln.
An diesem Punkt stoppen und die Arbeitsschlinge auf einer Sicherheitsnd stilllegen. In Fb B 1 Rd Km zwischen der 6. und 7. Rd aufhäkeln. Den Faden abschneiden und sichern. Die Fadenenden auf der linken Seite der Arbeit vernähen.
Dann die Arbeitsschlinge in Fb A wieder auf die Häkelnd nehmen und den Kopf weiterhäkeln.
Schlitze für die Ohren arb wie folgt:
15. Runde: 11 fM, 3 Lm, 3 M übergehen, 22 fM, 3 Lm, 3 M übergehen, 9 fM.
16. Runde: 1 fM in jede fM und jede Lm.
17. Runde: 1 Rd fM häkeln.
18. Runde: 6 x [6 fM, 2 fM zus abm] (= 42 M).
19. Runde: 6 x [5 fM, 2 fM zus abm] (= 36 M).
20. Runde: 6 x [4 fM, 2 fM zus abm] (= 30 M).
21. Runde: 6 x [3 fM, 2 fM zus abm] (= 24 M).
An diesem Punkt erst einmal pausieren und die Arbeitsschlinge auf einer Sicherheitsnd stilllegen. Die Schnauze mit etwas Füllwatte ausstopfen, gemäß den Fotos am Kopf platzieren und annähen. Die Sicherheitsaugen direkt über der Schnauze einsetzen. Dann die Ohren mit der Unterkante in die Schlitze schieben und fest annähen. Den Kopf fest mit Füllwatte ausstopfen. Die Arbeitsschlinge wieder auf die Häkelnd nehmen und weiter M abn wie folgt:
22. Runde: 6 x [2 fM, 2 fM zus abm] (= 18 M).
23. Runde: 6 x [1 fM, 2 fM zus abm] (= 12 M).
24. Runde: Fortlfd 2 fM zus abm bis Rd-Ende (= 6 M).
Den Faden abschneiden und sichern. Den Kopf vollends mit Füllwatte ausstopfen. Die letzten 6 M mit dem Fadenende zusam-

menziehen und das Fadenende vernähen. Mit mittelbraunem Baumwollsticktwist die Nase im Plattstich (siehe Seite 122) und das Maul mit Stiel- oder Spannstichen aufsticken.

Arme (2 x arb)

Mit der Häkelnd 3,5 mm und Fb A 12 Lm anschl und mit 1 Km zum Ring schließen.
1. Runde: 1 Lm, 1 fM in die 1. Lm, je 1 fM in jede Lm bis Rd-Ende (= 12 M).
2. Runde: 4 x [2 fM, 1 fM verd] (= 16 M).
3. Runde: 4 x [3 fM, 1 fM verd] (= 20 M).
4.–12. Runde: 9 Rd fM häkeln.
13. Runde: 4 x [3 fM, 2 fM zus abm] (= 16 M).
14.–20. Runde: 7 Rd fM häkeln.
21. Runde: 4 x [2 fM, 2 fM zus abm] (= 12 M).
22.–24. Runde: 3 Rd fM häkeln.
25. Runde: 2 x [4 fM, 2 fM zus abm] (= 10 M).
26. Runde: 1 Rd fM häkeln.
Den Faden abschneiden und sichern. Den Arm mittig zusammenlegen und die Anfangs-Lm für die Pfote zusammennähen. Beide Arme mit Füllwatte ausstopfen.

Füße und Beine (2 x arb)

Mit der Häkelnd 3,5 mm und Fb A 8 Lm anschl. Rund um diese zentrale Lm-Kette häkeln, sodass eine ovale Fußsohle entsteht. In fortlfd Spiralrd häkeln und die letzte M der Rd markieren.
1. Runde: 1 fM in die 2. Lm von der Häkelnd aus, je 1 fM in die nächsten 6 fM, 2 Lm, je 1 fM in jede Lm auf der anderen Seite der Lm-Kette, 2 Lm (= 18 M).
2. Runde: 7 fM, 3 fM in den Lm-Bg, 7 fM, 3 fM in den Lm-Bg (= 20 M).
3. Runde: 7 fM, je 2 fM in jede der 3 End-fM, 7 fM, je 2 fM in jede der 3 End-fM (= 26 M).
4. Runde: 1 fM ins hMg jeder fM der Vorrd.
5.–7. Runde: 3 Rd fM häkeln.
8. Runde: 8 fM, 3 x 2 fM zus abm, 12 fM (= 23 M).
9. Runde: 8 fM, 3 fM zus abm, 10 fM, 2 fM zus abm (= 20 M).
10.–27. Runde: 18 Rd fM häkeln.
Den Faden bis auf ein 20 cm langes Fadenende abschneiden und sichern. Beide Füße und Beine fest mit Füllwatte ausstopfen. Das obere Ende jedes Beins quer zusammenlegen und über die M an der Oberkante der Beine den Körper anhäkeln.

Körper

Den Faden in Fb C (= Fb der Unterhose) an der Rückseite des linken Beins anschlingen. 20 fM arb, dann über die M des rechten Beins 20 fM arb (= 40 M insgesamt). In Spiralrd weiterhäkeln wie folgt:
1. Runde: 1 Rd fM häkeln (= 40 M).
2. Runde: 4 x [9 fM, 1 fM verd] (= 44 M).
3. Runde: 1 Rd fM häkeln.
4. Runde: 4 x [10 fM, 1 fM verd] (= 48 M).
5.–8. Runde: 4 Rd fM häkeln.
Zu Fb A wechseln.
9. und 10. Runde: 2 Rd fM häkeln.
11. Runde: 4 x [10 fM, 2 fM zus abm] (= 44 M).
12.–15. Runde: 4 Rd fM häkeln.
16. Runde: 4 x [9 fM, 2 fM zus abm] (= 40 M).
17.–20. Runde: 4 Rd fM häkeln.
21. Runde: 4 x [8 fM, 2 fM zus abm] (= 36 M).
22.–25. Runde: 4 Rd fM häkeln.
26. Runde: 4 x [7 fM, 2 fM zus abm] (= 32 M).
In der nächsten Rd die Arme anhäkeln; dazu in die M an der Oberkante der Arme einstechen. Die Arme seitlich am Körper platzieren und feststecken.
27. Runde: 1 fM in jede M bis zum 1. Arm, den 1. Arm mittig zusammenlegen, * je 1 fM in die nächsten 5 fM durch beide Lagen des Arms und die entsprechenden fM des Körpers hindurch *, je 1 fM in jede M der Körper-Vorderseite bis zum nächsten Arm, von * bis * beim anderen Arm wdh, 1 fM in jede fM des Körpers bis Rd-Ende (= 32 M).
28. Runde: 1 Rd fM häkeln.
Den Faden bis auf ein 20 cm langes Fadenende abschneiden und sichern.
Mit einer Wollnd das Fadenende durch die fM der letzten Rd führen und die Halsöffnung auf einen Durchmesser von 10 cm leicht zusammenziehen.
Füße, Beine und Körper fest mit Füllwatte ausstopfen. Den Kopf fest auf die Halsöffnung des Körpers nähen.

Schwanz

Mit der Häkelnd 3,5 mm und Fb A einen Fadenring arb.
1. Runde: 1 Lm, 8 fM in den Fadenring (= 8 M).
2. Runde: 1 fM in jede M der Vorrd arb.
In Spiralrd weiterhäkeln, bis der Schwanz 12 cm lang ist.
Den Faden bis auf ein längeres Fadenende abschneiden und sichern. Den Schwanz fest am Hinterteil des Affen annähen.

Kleidung für die Affen

Billys Hoodie

Material und Zubehör

- Scheepjes Merino Soft (50 % extrafeine Merinowolle mit Superwash-Ausrüstung, 25 % Mikrofaser, 25 % Polyacryl; LL 105 m/50 g): 100 g in Klimt (Fb 616)
- Häkelnadel 3,5 mm
- Wollnadel

Rückenteil

Mit der Häkelnd 3,5 mm 27 Lm anschl.
1. Reihe: Je 1 fM in die 2. Lm von der Häkelnd aus und in jede folg Lm bis R-Ende; wenden (= 26 M).
2.–10. Reihe: 1 Lm, 1 fM in jede M bis R-Ende; wenden.
11. Reihe: 1 Lm, 1 M übergehen, 1 fM in jede M bis zu den letzten 2 M, 1 M übergehen, 1 fM in die letzte M; wenden (= 24 M).
12.–16. Reihe: 1 Lm, 1 fM in jede M bis R-Ende; wenden. **
17. Reihe: 1 Lm, je 1 Km in die ersten 3 M, [1 Km, 1 Lm, 1 fM] in die nächste M, 17 fM; wenden (= 18 M).
18.–26. Reihe: 1 Lm, 1 fM in jede M bis R-Ende; wenden.
Den Faden abschneiden und sichern. Die Fadenenden vernähen.

Vorderteil

Bis ** häkeln, wie beim Rückenteil beschrieben.

Rechte Seite:
17. Reihe: 1 Lm, je 1 Km in die ersten 3 M, [1 Km, 1 Lm, 1 fM] in die nächste M, 8 fM; wenden (= 9 M).
18. Reihe: 1 Lm, 1 M übergehen, 1 fM in jede M bis R-Ende; wenden (= 8 M).
19. Reihe: 1 Lm, 1 M übergehen, 1 fM in jede M bis zu den letzten 2 M, 1 M übergehen, 1 fM in die letzte M; wenden (= 6 M).
20. Reihe: 1 Lm, 1 fM in jede M bis R-Ende; wenden.
21. Reihe: 1 Lm, 4 fM, 1 M übergehen, 1 fM in die letzte M; wenden (= 5 M).
22. Reihe: 1 Lm, 5 fM; wenden.
23. Reihe: 1 Lm, 1 M übergehen, 2 fM, 1 M übergehen, 1 fM in die letzte M; wenden (= 3 M).
24.–26. Reihe: 1 Lm, 3 fM; wenden.
Den Faden abschneiden und sichern.

Linke Seite:
17. Reihe: Von der rechten Seite der Arbeit aus den Faden an der nächsten M der R anschlingen, 1 Lm, 1 fM in dieselbe M, 8 fM; wenden (= 9 M).
18. Reihe: 1 Lm, 7 fM, 1 M übergehen, 1 fM; wenden (= 8 M).
19. Reihe: 1 Lm, 1 M übergehen, 1 fM in jede M bis zu den letzten 2 M, 1 M übergehen, 1 fM in die letzte M; wenden (= 6 M).
20. Reihe: 1 Lm, 1 fM in jede M bis R-Ende; wenden.
21. Reihe: 1 Lm, 1 M übergehen, 5 fM; wenden (= 5 M).
22. Reihe: 1 Lm, 5 fM; wenden.
23. Reihe: 1 Lm, 1 M übergehen, 2 fM, 1 M übergehen, 1 fM in die letzte M; wenden (= 3 M).
24.–26. Reihe: 1 Lm, 3 fM; wenden.
Beide Teile rechts auf rechts aufeinanderlegen. Schulter- und Seitennähte schließen.

Kapuze

1. Reihe: Von der rechten Seite der Arbeit aus den Faden am linken Vorderteil des Hoodies (von Ihnen aus gesehen) anschlingen, und zwar mit 1 Km an der 23. R des Vorderteils; 4 fM an der linken Halsausschnittkante nach oben, 11 fM über den hinteren Halsausschnitt und 4 fM an der linken Halsausschnittkante nach unten häkeln; wenden (= 19 M).
2. Reihe: 1 Lm, 1 fM, 17 fM verd, 1 fM; wenden (= 36 M).
3.–24. Reihe: 1 Lm, 1 fM in jede M bis R-Ende; wenden (= 36 M).
Die Kapuze links auf links mittig zusammenlegen und die obere Naht mit Km schließen. Den Faden abschneiden und sichern. Die Fadenenden vernähen.

Ärmel (2 x arb)

Mit der Häkelnd 3,5 mm 21 Lm anschl.
1. Reihe: Je 1 fM in die 2. Lm von der Häkelnd aus und in jede folg Lm bis R-Ende; wenden (= 20 M).
2.–14. Reihe: 1 Lm, 1 fM in jede M bis R-Ende; wenden.
15. Reihe: 1 Lm, je 1 Km in die ersten 3 M, [1 Km, 1 Lm, 1 fM] in die nächste M, 13 fM; wenden (= 14 M).
16. Reihe: 1 Lm, 1 M übergehen, 1 fM in jede M bis zu den letzten 2 M, 1 M übergehen, 1 fM in die letzte M; wenden (= 12 M).
17. Reihe: 1 Lm, 1 M übergehen, 1 fM in jede M bis zu den letzten 2 M, 1 M übergehen, 1 fM in die letzte M; wenden (= 10 M).
18. Reihe: 1 Lm, 1 M übergehen, 1 fM in jede M bis zu den letzten 2 M, 1 M übergehen, 1 fM in die letzte M; wenden (= 8 M).
19. Reihe: 1 Lm, 1 M übergehen, 1 fM in jede M bis zu den letzten 2 M, 1 M übergehen, 1 fM in die letzte M; wenden (= 6 M).
20. Reihe: 1 Lm, 1 M übergehen, 1 fM in jede M bis zu den letzten 2 M, 1 M übergehen, 1 fM in die letzte M; wenden (= 4 M).
21. Reihe: 1 Lm, 1 fM in jede M bis R-Ende; wenden.
Den Faden abschneiden und sichern. Die Fadenenden vernähen.

Tasche

Mit der Häkelnd 3,5 mm 11 Lm anschl.
1. Reihe: Je 1 fM in die 2. Lm von der Häkelnd aus und in jede folg Lm bis R-Ende; wenden (= 10 M).
2.–6. Reihe: 1 Lm, 1 fM in jede M bis R-Ende; wenden.
7. Reihe: 1 Lm, 1 M übergehen, 1 fM in jede M bis zu den letzten 2 M, 1 M übergehen, 1 fM in die letzte M; wenden (= 8 M).
8. Reihe: 1 Lm, 1 M übergehen, 1 fM in jede M bis zu den letzten 2 M, 1 M übergehen, 1 fM in die letzte M; wenden (= 6 M).
9. Reihe: 1 Lm, 1 fM in jede M bis R-Ende; wenden.
Den Faden abschneiden und sichern. Die Fadenenden vernähen.

Fertigstellung

Die Ärmel an Vorder- und Rückenteil nähen. Die Ärmel- und die Seitennähte schließen. Die Tasche auf das Vorderteil des Hoodies nähen.

Billys Trainingshose

Material und Zubehör

- Scheepjes Merino Soft (50 % extrafeine Merinowolle mit Superwash-Ausrüstung, 25 % Mikrofaser, 25 % Polyacryl; LL 105 m/50 g): 50 g in Rothko (Fb 623)
- Häkelnadel 3,5 mm
- Wollnadel

Mit der Häkelnd 3,5 mm 28 Lm anschl und mit 1 Km zum Ring schließen. In Spiralrd häkeln.

1. Hosenbein

1. Runde: 1 Lm, 1 fM in jede Lm (= 28 M).
2.–20. Runde: 19 Rd fM häkeln. Den Faden abschneiden und sichern.

2. Hosenbein

Wie das 1. Hosenbein häkeln, jedoch den Faden nicht abschneiden. Den Rd-Beginn markieren.
21. Runde: Die beiden Hosenbeine verbinden. Dazu je 1 fM in die 28 M des 1. Hosenbeins und anschließend in die 28 M des 2. Hosenbeins häkeln (= 56 M).
22.–24. Runde: 3 Rd fM häkeln.
25. Runde: 1 fM in jede M der Vorrd bis 2 M vor MM, 2 Lm, MM einhängen, 2 M übergehen.
26. Runde: 2 Lm, 2 M übergehen (= insgesamt 4 M übergangen), 1 fM in die nächste M, 9 fM, 2 fM zus abm, 4 x [8 fM, 2 fM zus abm], je 1 fM in die nächsten 2 Lm (= 51 M).
27. Runde: Je 1 fM in die nächsten 2 Lm, 1 fM in jede M; wenden (= 51 M).
28.–30. Runde: 3 Rd fM häkeln.
31. Runde: 1 fM, 5 x [8 fM, 2 fM zus abm] (= 46 M).
32.–35. Runde: 4 Rd fM häkeln.
36. Runde: 1 Rd fM in die hMg arb.
Den Faden an der Unterkante jedes Hosenbeins anschlingen und 1 Krebsm (siehe Seite 116) in jede M entlang der Kante arb. Den Faden abschneiden und sichern. Die Fadenenden vernähen.

Billys Kappe

Material und Zubehör

- Scheepjes Merino Soft (50 % extrafeine Merinowolle mit Superwash-Ausrüstung, 25 % Mikrofaser, 25 % Polyacryl; LL 105 m/50 g): 50 g in Rothko (Fb 623)
- Häkelnadel 3,5 mm
- Rest Karton zum Versteifen des Schildes
- Bleistift
- Schere
- Wollnadel

Mit der Häkelnd 3,5 mm einen Fadenring arb.
1. Runde: 1 Lm, 6 fM in den Fadenring arb (= 6 M).
2. Runde: 2 fM in jede M der Vorrd arb (= 12 M).
3. Runde: 6 x [1 fM in die nächste M, 1 fM verd] (= 18 M).
4. Runde: 6 x [2 fM, 1 fM verd] (= 24 M).
5. Runde: 6 x [3 fM, 1 fM verd] (= 30 M).
6. Runde: 6 x [4 fM, 1 fM verd] (= 36 M).
7. Runde: 6 x [5 fM, 1 fM verd] (= 42 M).
8.–12. Runde: 5 Rd fM häkeln.
13. Runde: 1 fM ins hMg jeder M der Vorrd häkeln (= 42 M).
Den Faden abschneiden und sichern.

Mützenschild

Mit der Häkelnd 3,5 mm einen Fadenring arb.
1. Runde: 1 Lm, 6 fM in den Fadenring arb (= 6 M).
2. Runde: 2 fM in jede M der Vorrd arb (= 12 M).
3. Runde: 6 x [1 fM in die nächste M, 1 fM verd] (= 18 M).
4. Runde: 6 x [2 fM, 1 fM verd] (= 24 M).
5.–8. Runde: 4 Rd fM häkeln.
Den Faden bis auf ein langes Fadenende abschneiden und sichern. Den Mützenschild glatt streichen. Mit einem Bleistift die Kontur des gehäkelten Schildes sorgfältig auf das Kartonstück übertragen und den Karton etwas innerhalb der Kontur zuschneiden. Den Kartonschild in den gehäkelten Schild stecken, dabei den Karton weiter zurechtschneiden, damit er exakt hineinpasst. Den Schild mit dem langen Fadenende an der Vorderkante der Kappe annähen. Die Fadenenden vernähen.

Mollys Trägerrock

Material und Zubehör

- Scheepjes Merino Soft (50 % extrafeine Merinowolle mit Superwash-Ausrüstung, 25 % Mikrofaser, 25 % Polyacryl; LL 105 m/50 g): 50 g in A Klimt (Fb 616) für das Kleid sowie Reste in B Dürer

Billy ist immer richtig fürs Skateboarden angezogen, sogar wenn er fernsieht. Seinen Kapuzenpulli liebt er, weil er ihn nur überziehen muss und fertig zum Aufbrechen ist.

Wenn Billy auf der Fußballtribüne steht und seinen Lieblingsverein anfeuert, ist er froh um die Tasche seines Hoodies, in der er seine Hände wärmen kann.

Diese bequeme Trainingshose ist eines von Billys liebsten Kleidungsstücken.

Mit ihrer modischen Baskenmütze fühlt sich Molly ein wenig wie Lauren Bacall.

Molly mag Streifenmuster und hat deshalb bretonische Matrosenshirts in vielen verschiedenen Farben.

Molly liebt es, wenn alles zusammenpasst. Wegen der entzückenden Blümchen auf Rock und Schuhen ist dies ihr Lieblings-Outfit.

In dieser farbenfrohen Tasche hat eine Menge Lesefutter für Molly Platz.

(Fb 644) und C Da Vinci (Fb 606) für die Blüte
- Häkelnadel 3,5 mm
- Wollnadel
- 2 Knöpfe, ∅ 9 mm

Hinweis: Für den Trägerrock werden zunächst 2 Latzteile in Hin- und Rückr gearbeitet, an die dann der Rock in Spiralrd angehäkelt wird.

Latz (2 x arb)
Mit der Häkelnd 3,5 mm und Fb A 13 Lm anschl.
1. Reihe: 1 fM in die 2. Lm von der Häkelnd aus, 1 fM in jede Lm bis R-Ende; wenden (= 12 M).
2.–12. Reihe: 1 Lm, 1 fM in jede M bis R-Ende; wenden.
Den Faden für den 1. Latz abschneiden und sichern. Den 2. Latz genauso häkeln, aber den Faden am Ende nicht abschneiden.

Rock
1. Runde: 12 Lm, 12 fM über die letzte R des 1. Latzes häkeln, 12 Lm, 12 fM über die letzte R des 2. Latzes häkeln (= 48 M).
Nun in Spiralrd weiterhäkeln wie folgt:
2. Runde: 24 x [1 fM, 1 fM verd] (= 72 M).
3.–18. Runde: 16 Rd fM häkeln.
19. Runde: Km nur in die hMg der Vorrd arb.
Den Faden abschneiden und sichern. Die Fadenenden vernähen.

Träger (2 x arb)
Mit der Häkelnd 3,5 mm 12 Lm anschl.
1. Reihe: 1 hStb in die 2. Lm von der Häkelnd aus, 1 fM in jede folg Lm bis R-Ende (= 11 M).
Den Faden bis auf ein 30 cm langes Fadenende abschneiden und sichern.
Die Enden der Träger an den oberen Ecken des hinteren Latzes annähen. Die Knöpfe an die oberen Ecken des vorderen Latzes nähen und die Träger mit der kleinen hStb-Schlaufe anknöpfen.

Blüte
Mit der Häkelnd 3,5 mm und Fb B einen Fadenring arb.
1. Runde: 1 Lm, 5 fM in den Fadenring, die Rd mit 1 Km schließen.
2. Runde: Zu Fb C wechseln; den Faden mit 1 Km anschlingen, * [2 Lm, 2 Stb, 2 Lm, 1 Km] in dieselbe M, 1 Km in die nächste M; ab * noch 4 x wdh.
Den Faden bis auf ein langes Fadenende abschneiden und sichern.
Die Blüte fest auf dem Vorderteil des Trägerrocks annähen.

Mollys Matrosenshirt

Material und Zubehör
- Scheepjes Merino Soft (50 % extrafeine Merinowolle mit Superwash-Ausrüstung, 25 % Mikrofaser, 25 % Polyacryl; LL 105 m/50 g): je 50 g in A Da Vinci (Fb 606) und in B Dürer (Fb 644)
- Häkelnadel 3,5 mm
- Wollnadel

Hinweis: Das Shirt wird in einem Streifenmuster in Gelb und Wollweiß gehäkelt.

Rücken- und Vorderteil (2 x arb)
Mit der Häkelnd 3,5 mm und Fb A 27 Lm anschl.
1. Reihe: Je 1 fM in die 2. Lm von der Häkelnd aus und in jede folg Lm bis R-Ende; wenden (= 26 M).
2. Reihe: 1 Lm, 1 fM in jede M bis R-Ende; wenden.
3. und 4. Reihe: Zu Fb B wechseln; wie die 2. R häkeln.
5. und 6. Reihe: Zu Fb A wechseln; wie die 2. R häkeln.
7.–14. Reihe: Wie die 2. R häkeln, dabei für das Streifenmuster nach jeweils 2 R die Garnfb wechseln; mit einem Streifen in Fb A enden.
15. Reihe: Zu Fb B wechseln; 1 Lm, 1 M übergehen, 1 fM in jede M bis zu den letzten 2 M, 1 M übergehen, 1 fM; wenden (= 24 M).
16. Reihe: 1 Lm, 1 fM in jede M bis R-Ende; wenden (= 24 M).
17. Reihe: Zu Fb A wechseln; je 1 Km in die ersten 3 M, [1 Km, 1 Lm, 1 fM] in die nächste M, 17 fM; wenden (= 18 M).
18. Reihe: 1 Lm, 1 fM in jede M bis R-Ende; wenden.
19. Reihe: Zu Fb B wechseln; 1 Lm, 1 M übergehen, 1 fM in jede M bis zu den letzten 2 M, 1 M übergehen, 1 fM in die letzte M; wenden (= 16 M).
20. Reihe: 1 Lm, 1 fM in jede M bis R-Ende; wenden.
21. und 22. Reihe: Zu Fb A wechseln; 1 Lm, 1 fM in jede M bis R-Ende; wenden.
23. Reihe: Zu Fb B wechseln; 1 Lm, 1 M übergehen, 1 fM in jede M bis zu den letzten 2 M, 1 M übergehen, 1 fM in die letzte M; wenden (= 14 M).
24. Reihe: 1 Lm, 1 fM in jede M bis R-Ende; wenden.
Den Faden abschneiden und sichern. Die Fadenenden vernähen.

Ärmel (2 x arb)
Mit der Häkelnd 3,5 mm und Fb B 21 Lm anschl.
1. Reihe: Je 1 fM in die 2. Lm von der Häkelnd aus und in jede folg Lm bis R-Ende; wenden (= 20 M).
2. Reihe: 1 Lm, 1 fM in jede M bis R-Ende; wenden.
3. und 4. Reihe: Zu Fb A wechseln; wie die 2. R häkeln.
5. und 6. Reihe: Zu Fb B wechseln; wie die 2. R häkeln.
7.–14. Reihe: Wie die 2. R häkeln, dabei für das Streifenmuster nach jeweils 2 R die Garnfb wechseln; mit einem Streifen in Fb B enden.
15. Reihe: Zu Fb A wechseln; je 1 Km in die ersten 3 M, [1 Km, 1 Lm, 1 fM] in die nächste M, 13 fM; wenden (= 14 M).
16. Reihe: 1 Lm, 1 M übergehen, 1 fM in jede M bis zu den letzten 2 M, 1 M übergehen, 1 fM in die letzte M; wenden (= 12 M).
17. Reihe: Zu Fb B wechseln; 1 Lm, 1 M übergehen, 1 fM in jede M bis zu den letzten 2 M, 1 M übergehen, 1 fM in die letzte M; wenden (= 10 M).
18. Reihe: 1 Lm, 1 M übergehen, 1 fM in jede M bis zu den letzten 2 M, 1 M übergehen, 1 fM in die letzte M; wenden (= 8 M).
19. Reihe: Zu Fb A wechseln; 1 Lm, 1 M übergehen, 1 fM in jede M bis zu den letzten 2 M, 1 M übergehen, 1 fM in die letzte M; wenden (= 6 M).
20. Reihe: 1 Lm, 1 M übergehen, 1 fM in jede M bis zu den letzten 2 M, 1 M übergehen, 1 fM in die letzte M; wenden (= 4 M).
21. Reihe: Zu Fb B wechseln; 1 Lm, 1 fM in jede M bis R-Ende; wenden.
Den Faden abschneiden und sichern. Die Fadenenden vernähen.

Fertigstellung

Rücken- und Vorderteil rechts auf rechts aufeinanderlegen und nur mit 1 Stich rechts und links von der Halsausschnittkante zusammennähen. Die Raglanärmel an Vorder- und Rückenteil annähen. Die Seitennähte und die Ärmelnähte schließen. Achten Sie dabei stets darauf, dass die Streifen zu beiden Seiten der Nähte übereinstimmen.

Mollys Schuhe (2 x arb)

Material und Zubehör

- Scheepjes Merino Soft (50 % extrafeine Merinowolle mit Superwash-Ausrüstung, 25 % Mikrofaser, 25 % Polyacryl; LL 105 m/50 g): 50 g in A Klimt (Fb 616) für die Schuhe sowie Reste in B Dürer (Fb 644) und C Da Vinci (Fb 606) für die Blüten
- Häkelnadel 3,5 mm
- Wollnadel

Mit der Häkelnd 3,5 mm und Fb A 8 Lm anschl. Rund um diese zentrale Lm-Kette häkeln, sodass eine ovale Fußsohle entsteht. In Spiralrd häkeln und die letzte M der Rd markieren.

1. Runde: 1 fM in die 2. Lm von der Häkelnd aus, je 1 fM in die nächsten 6 fM, 2 Lm, je 1 fM in jede Lm auf der anderen Seite der Lm-Kette, 2 Lm (= 18 M).
2. Runde: 7 fM, 3 fM in den Lm-Bg, 7 fM, 3 fM in den Lm-Bg (= 20 M).
3. Runde: 7 fM, je 2 fM in jede der 3 End-fM, 7 fM, je 2 fM in jede der 3 End-fM (= 26 M).
4. Runde: 1 fM ins hMg jeder fM der Vorrd.
5.–7. Runde: 3 Rd fM häkeln.
8. Runde: 8 fM, 3 x 2 fM zus abm, 12 fM (= 23 M).
Den Faden abschneiden und sichern. Die Fadenenden vernähen.

Blüte (2 x arb)

Mit der Häkelnd 3,5 mm und Fb B einen Fadenring arb.
1. Runde: 1 Lm, 5 fM in den Fadenring, die Rd mit 1 Km schließen.
2. Runde: Zu Fb C wechseln; den Faden mit 1 Km anschlingen, * [2 Lm, 2 Stb, 2 Lm, 1 Km] in dieselbe M, 1 Km in die nächste M; ab * noch 4 x wdh.
Den Faden bis auf ein langes Fadenende abschneiden und sichern.
Je 1 Blüte fest auf den vorderen Teil jedes Schuhs nähen.

Mollys Baskenmütze

Material und Zubehör

- Scheepjes Merino Soft (50 % extrafeine Merinowolle mit Superwash-Ausrüstung, 25 % Mikrofaser, 25 % Polyacryl; LL 105 m/50 g): 50 g in Klimt (Fb 616)
- Häkelnadel 3,5 mm
- Wollnadel

Mit der Häkelnd 3,5 mm und Fb A 4 Lm anschl und mit 1 Km in die 1. Lm zum Ring schließen.

1. Runde: 3 Lm, 11 Stb in den Lm-Ring, die Rd mit 1 Km in die oberste der 3 Anfangs-Lm schließen (= 12 M).
2. Runde: 3 Lm (zählt als 1 Stb), 1 Stb in dieselbe M, je 2 Stb in die nächste und jede folg M bis Rd-Ende, die Rd mit 1 Km in die oberste der 3 Anfangs-Lm schließen (= 24 M).
3. Runde: 3 Lm (zählt als 1 Stb), 1 Stb in dieselbe M, 1 Stb in die nächste M, * 2 Stb in die nächste M, 1 Stb in die folg M; ab * noch 10 x wdh, die Rd mit 1 Km in die oberste der 3 Anfangs-Lm schließen (= 36 M).
4. Runde: 3 Lm (zählt als 1 Stb), 1 Stb in dieselbe M, je 1 Stb in die nächsten 2 M, * 2 Stb in die nächste M, je 1 Stb in die folg 2 M; ab * noch 10 x wdh, die Rd mit 1 Km in die oberste der 3 Anfangs-Lm schließen (= 48 M).
5. und 6. Runde: 1 Lm, 1 fM in jede M bis Rd-Ende, 1 Km in die Anfangs-Lm (= 48 M).
7. Runde: 3 Lm (zählt als 1 Stb), 1 Stb, 2 Stb zus abm, * 2 Stb, 2 Stb zus abm; ab * noch 10 x wdh, die Rd mit 1 Km in die oberste der 3 Anfangs-Lm schließen (= 36 M).
Umrandung:
8.–10. Runde: 1 Lm, 1 fM in jede M bis Rd-Ende, 1 Km in die Anfangs-Lm (= 36 M).
Den Faden abschneiden und sichern. Die Fadenenden vernähen.

Zipfel

Mit der Häkelnd 3,5 mm 4 Lm anschl.
1. Reihe: Je 1 Km in die 2. Lm von der Häkelnd aus und in die folg 2 Lm. Den Zipfel in der Mitte der Mütze fest annähen.

Mollys Tasche

Material und Zubehör

- Scheepjes Merino Soft (50 % extrafeine Merinowolle mit Superwash-Ausrüstung, 25 % Mikrofaser, 25 % Polyacryl; LL 105 m/50 g): Reste in A Dürer (Fb 644) und B Da Vinci (Fb 606)
- Häkelnadel 3,5 mm
- Wollnadel

Seitenteile (2 x arb)

Mit der Häkelnd 3,5 mm und Fb A 11 Lm anschl.
1. Reihe: Je 1 fM in die 2. Lm von der Häkelnd aus und in jede folg Lm bis R-Ende; wenden (= 10 M).
2. Reihe: 1 Lm, 1 fM in jede M bis R-Ende; wenden.
3. und 4. Reihe: Zu Fb B wechseln; wie die 2. R häkeln.
5. und 6. Reihe: Zu Fb A wechseln; wie die 2. R häkeln.
7.–12. Reihe: Wie die 2. R häkeln, dabei für das Streifenmuster nach jeweils 2 R die Garnfb wechseln; mit einem Streifen in Fb B enden.

Zwickelstreifen

Mit der Häkelnd 3,5 mm und Fb B Lm 33 Lm anschl.
1. Reihe: Je 1 fM in die 2. Lm von der Häkelnd aus und in jede folg Lm bis R-Ende; wenden (= 32 M).
2.–4. Reihe: 1 Lm, 1 fM in jede M bis R-Ende; wenden.

Henkel (2 x arb)

Mit der Häkelnd 3,5 mm und Fb B 13 Lm anschl.
1. Reihe: Je 1 Km in die 2. Lm von der Häkelnd aus und in jede folg Lm bis R-Ende. Den Faden bis auf ein langes Fadenende abschneiden und sichern.

Die Seitenteile links auf links auf den Zwickelstreifen legen und annähen. Die Enden der Henkel an die Oberkante der Seitenteile nähen. Die Fadenenden vernähen.

Maisie

Für Maisie ist der Strand der ideale Ort zum Entspannen. Sie liebt nichts mehr, als sich mit einem Buch in ihrem Korb ein ruhiges Plätzchen am Strand zu suchen und ein paar Stunden zu schmökern.

Wasserskifahren, Schwimmen, Surfen – Sidney liebt alles, was mit Wasser zu tun hat. Zum Glück lebt er in der Nähe des Strandes und vergnügt sich bei jedem Wetter am Wasser.

Sidney

Maisie & Sidney

Die Pandabären

In ihrem Tankini mit der niedlichen Rüsche ist Maisie bereit für den Strand. Vor der Sonne schützt sie sich mit ihrem Hut. Sidney sieht in seinem nostalgisch angehauchten Badeanzug ausgesprochen attraktiv aus. Der Anzug wird in Reihen gehäkelt: Man beginnt an den Hosenbeinen und verbindet sie dann für das Rumpfteil.

Material und Zubehör

- Debbie Bliss Baby Cashmerino (55 % Wolle, 33 % Polyacryl, 12 % Kaschmir; LL 125 m/50 g):

Für Maisie

A 50 g in White (Fb 100)
B 50 g in Black (Fb 300)
C 50 g in Lipstick Pink (Fb 78) für die Unterhose

Für Sidney

A 50 g in White (Fb 100)
B 50 g in Black (Fb 300)
C 50 g in Denim (Fb 27) für die Unterhose

- Häkelnadel 3,5 mm
- Sicherheitsnadel
- Wollnadel
- Sicherheitsaugen
- Sicherheitsnase
- Baumwollsticktwist in Schwarz

Größe

Die Pandas sind 30 cm groß.

Ohren (2 x arb)

Mit der Häkelnd 3,5 mm und Fb B einen Fadenring arb (siehe Seite 112).
1. Runde: 1 Lm, 6 fM in den Fadenring arb (= 6 M).
2. Runde: 2 fM in jede M der Vorrd arb (= 12 M).
3. Runde: 6 x [1 fM in die nächste M, 1 fM verd] (= 18 M).
4.–6. Runde: 3 Rd fM häkeln.
7. Runde: 6 x [1 fM, 2 fM zus abm] (= 12 M).
8. Runde: 3 x [2 fM, 2 fM zus abm] (= 9 M).
9. Runde: 1 Rd fM häkeln. Den Faden bis auf ein langes Fadenende abschneiden und sichern.
Das Ohr flach streichen. Beide Lagen mit dem Fadenende zusammennähen.

Augenfleck (2 x arb)

Mit der Häkelnd 3,5 mm und Fb B 4 Lm anschl. Um diese zentrale Lm-Kette herum häkeln, sodass ein Oval entsteht.
1. Runde: 1 fM in die 2. Lm von der Häkelnd aus, 2 fM, 1 Lm, je 1 fM in die andere Seite jeder Lm, 1 Lm, 1 Km in die 1. Lm.
Den Faden bis auf ein langes Fadenende abschneiden und sichern. Mit dem Fadenende wird der Augenfleck später am Kopf angenäht.

Kopf

Mit der Häkelnd 3,5 mm und Fb A einen Fadenring arb.
1. Runde: 1 Lm, 6 fM in den Fadenring arb (= 6 M).
2. Runde: 2 fM in jede M (= 12 M).
3. Runde: 6 x [1 fM in die nächste M, 1 fM verd] (= 18 M).
4. und 5. Runde: 2 Rd fM häkeln.
6. Runde: 6 x [2 fM, 1 fM verd] (= 24 M).
7. Runde: 6 x [3 fM, 1 fM verd] (= 30 M).
8. Runde: 6 x [4 fM, 1 fM verd] (= 36 M).
9. Runde: 6 x [5 fM, 1 fM verd] (= 42 M).
10. Runde: 6 x [6 fM, 1 fM verd] (= 48 M).
11.–16. Runde: 6 Rd fM häkeln.
Schlitze für die Ohren arb wie folgt:
17. Runde: 16 fM, 5 Lm, 5 M übergehen, 6 fM, 5 Lm, 5 M übergehen, 16 fM.
18. Runde: 1 fM in jede fM und jede Lm.
19. Runde: 1 Rd fM häkeln.
20. Runde: 6 x [6 fM, 2 fM zus abm] (= 42 M).
21. Runde: 6 x [5 fM, 2 fM zus abm] (= 36 M).
22. Runde: 6 x [4 fM, 2 fM zus abm] (= 30 M).
23. Runde: 6 x [3 fM, 2 fM zus abm] (= 24 M).
An diesem Punkt erst einmal pausieren und die Arbeitsschlinge auf einer Sicherheitsnd stilllegen.
Die Augenflecken gemäß den Fotos platzieren. Die Stiele der Sicherheitsaugen durch die M der Augenflecken und des Kopfes stecken und fixieren. Die Augenflecken rundherum mit den Fadenenden am Kopf annähen. Die Sicherheitsnase einsetzen. Dann die Ohren mit der Unterkante in die Schlitze schieben und fest annähen.
Den Kopf fest mit Füllwatte ausstopfen. Die Arbeitsschlinge wieder auf die Häkelnd nehmen und weiter M abn wie folgt:
24. Runde: 6 x [2 fM, 2 fM zus abm] (= 18 M).
25. Runde: 6 x [1 fM, 2 fM zus abm] (= 12 M).
26. Runde: Fortlfd 2 fM zus abm bis Rd-Ende (= 6 M).
Den Faden abschneiden und sichern. Den Kopf vollends mit Füllwatte ausstopfen. Die letzten 6 M mit dem Fadenende zusammenziehen und das Fadenende vernähen.
Mit schwarzem Baumwollsticktwist und Spannstichen die Linie unter der Nase und das Maul aufsticken.

Arme (2 x arb)

Mit der Häkelnd 3,5 mm und Fb B 12 Lm anschl und mit 1 Km zum Ring schließen.
1. Runde: 1 Lm, 1 fM in die 1. Lm, je 1 fM in jede Lm bis Rd-Ende (= 12 M).
2. Runde: 4 x [2 fM, 1 fM verd] (= 16 M).
3. Runde: 4 x [3 fM, 1 fM verd] (= 20 M).
4.–12. Runde: 9 Rd fM häkeln.
13. Runde: 4 x [3 fM, 2 fM zus abm] (= 16 M).
14.–20. Runde: 7 Rd fM häkeln.
21. Runde: 4 x [2 fM, 2 fM zus abm] (= 12 M).
22.–24. Runde: 3 Rd fM häkeln.
25. Runde: 2 x [4 fM, 2 fM zus abm] (= 10 M).
26. Runde: 1 Rd fM häkeln.
Den Faden abschneiden und sichern. Den Arm mittig zusammenlegen und die Anfangs-Lm für die Pfote zusammennähen. Beide Arme mit Füllwatte ausstopfen.

Füße und Beine (2 x arb)

Mit der Häkelnd 3,5 mm und Fb B 8 Lm anschl. Rund um diese zentrale Lm-Kette häkeln, sodass eine ovale Fußsohle entsteht. In fortlfd Spiralrd häkeln und die letzte M der Rd markieren.
1. Runde: 1 fM in die 2. Lm von der Häkelnd aus, je 1 fM in die nächsten 6 fM, 2 Lm, je 1 fM in jede Lm auf der anderen Seite der Lm-Kette, 2 Lm (= 18 M).
2. Runde: 7 fM, 3 fM in den Lm-Bg, 7 fM, 3 fM in den Lm-Bg (= 20 M).
3. Runde: 7 fM, je 2 fM in jede der 3 End-fM, 7 fM, je 2 fM in jede der 3 End-fM (= 26 M).
4. Runde: 1 fM ins hMg jeder fM der Vorrd.
5.–7. Runde: 3 Rd fM häkeln.
8. Runde: 8 fM, 3 x 2 fM zus abm, 12 fM (= 23 M).
9. Runde: 8 fM, 3 fM zus abm, 10 fM, 2 fM zus abm (= 20 M).
10.–27. Runde: 18 Rd fM häkeln.
Den Faden bis auf ein 20 cm langes Fadenende abschneiden und sichern. Beide Füße und Beine fest mit Füllwatte ausstopfen. Das obere Ende jedes Beins quer zusammenlegen und über die M an der Oberkante der Beine den Körper anhäkeln.

Körper

Den Faden in Fb C (= Fb der Unterhose) an der Rückseite des linken Beins anschlingen. 20 fM arb, dann über die M des rechten Beins 20 fM arb (= 40 M insgesamt). In Spiralrd weiterhäkeln wie folgt:
1. Runde: 1 Rd fM häkeln (= 40 M).
2. Runde: 4 x [9 fM, 1 fM verd] (= 44 M).
3. Runde: 1 Rd fM häkeln.
4. Runde: 4 x [10 fM, 1 fM verd] (= 48 M).
5.–8. Runde: 4 Rd fM häkeln.
Zu Fb A wechseln.
9. und 10. Runde: 2 Rd fM häkeln.
11. Runde: 4 x [10 fM, 2 fM zus abm] (= 44 M).
12.–15. Runde: 4 Rd fM häkeln.
16. Runde: 4 x [9 fM, 2 fM zus abm] (= 40 M).
17.–20. Runde: 4 Rd fM häkeln.
21. Runde: 4 x [8 fM, 2 fM zus abm] (= 36 M).
22.–25. Runde: 4 Rd fM häkeln.
26. Runde: 4 x [7 fM, 2 fM zus abm] (= 32 M).
In der nächsten Rd die Arme durch die M an der Oberkante hindurch am Körper anhäkeln. Die Arme rechts und links am Körper platzieren und feststecken.
27. Runde: 1 fM in jede M bis zum 1. Arm, den 1. Arm mittig zusammenlegen, * je 1 fM in die nächsten 5 fM durch beide Lagen des Arms und die entsprechenden fM des Körpers hindurch *, je 1 fM in jede M der Körper-Vorderseite bis zum nächsten Arm, von * bis * beim anderen Arm wdh, 1 fM in jede fM des Körpers bis Rd-Ende (= 32 M).
28. Runde: 1 Rd fM häkeln.
Den Faden bis auf ein 20 cm langes Fadenende abschneiden und sichern.
Mit einer Wollnd das Fadenende durch die fM der letzten Rd führen und die Halsöffnung auf einen Durchmesser von 10 cm leicht zusammenziehen.
Füße, Beine und Körper fest mit Füllwatte ausstopfen. Den Kopf fest auf die Halsöffnung des Körpers nähen.

Kleidung für die Pandabären

Sidneys Badeanzug

Material und Zubehör

- Debbie Bliss Baby Cashmerino (55 % Wolle, 33 % Polyacryl, 12 % Kaschmir; LL 125 m/50 g): je 50 g in A White (Fb 100) und B Royal (Fb 70)
- Häkelnadel 3,5 mm
- Wollnadel
- 5 Knöpfe, ∅ 10 mm

Hinweis: Der Badeanzug wird in Hin- und Rückr in einem weiß-blauen Streifenmuster gehäkelt.

Hosenbeine (2 x arb)

Mit der Häkelnd 3,5 mm und Fb A 17 Lm anschl.
1. Reihe: Je 1 fM in die 2. Lm von der Häkelnd aus und in jede folg Lm bis R-Ende; wenden (= 16 M).
2. Reihe: 1 Lm, 1 fM in jede M bis R-Ende; wenden.
3. und 4. Reihe: Zu Fb B wechseln; wie die 2. R häkeln.
5. und 6. Reihe: Zu Fb A wechseln; wie die 2. R häkeln.
7. und 8. Reihe: Zu Fb B wechseln; wie die 2. R häkeln.
Den Faden abschneiden und sichern.

Das 2. Hosenbein genauso häkeln, aber am Ende den Faden nicht abschneiden, sondern beide Hosenbeine verbinden; dazu über die M beider Hosenbeine häkeln wie folgt:

Rückenteil

9. Reihe: Zu Fb A wechseln; 1 Lm, 1 M übergehen, 1 fM in jede M des 1. Hosenbeins, dann über das 2. Hosenbein weiterhäkeln, 1 fM in jede M bis zu den letzten 2 M, 1 M übergehen, 1 fM in die letzte M; wenden (= 30 M).
10. Reihe: 1 Lm, 1 fM in jede M bis R-Ende; wenden.
11. und 12. Reihe: Zu Fb B wechseln; wie die 2. R häkeln.
13. und 14. Reihe: Zu Fb A wechseln; wie die 2. R häkeln.
15. und 16. Reihe: Zu Fb B wechseln; wie die 2. R häkeln.
17. Reihe: Zu Fb A wechseln; 1 Lm, 1 M übergehen, 1 fM in jede M bis zu den letzten 2 M, 1 M übergehen, 1 fM in die letzte M; wenden (= 28 M).
18. Reihe: 1 Lm, 1 fM in jede M bis R-Ende; wenden.
19.–24. Reihe: Wie die 2. R häkeln, dabei für das Streifenmuster nach jeweils 2 R die Garnfb wechseln; mit einem Streifen in Fb B enden.
25. Reihe: Zu Fb A wechseln; 1 Lm, 1 M übergehen, 1 fM in jede M bis zu den letzten 2 M, 1 M übergehen, 1 fM in die letzte M; wenden (= 26 M).
26. Reihe: 1 Lm, 1 fM in jede M bis R-Ende; wenden.
27. und 28. Reihe: Zu Fb B wechseln; wie die 2. R häkeln.
29. Reihe: Zu Fb A wechseln; 1 Lm, 1 M übergehen, 1 fM in jede M bis zu den letzten 2 M, 1 M übergehen, 1 fM in die letzte M; wenden (= 24 M).
30. Reihe: 1 Lm, 1 fM in jede M bis R-Ende; wenden.
31. Reihe: Zu Fb B wechseln; je 1 Km in die ersten 3 M, [1 Km, 1 Lm, 1 fM] in die nächste M, 17 fM; wenden (= 18 M).
32. Reihe: 1 Lm, 1 fM in jede M bis R-Ende; wenden.
33. Reihe: Zu Fb A wechseln; 1 Lm, 1 M übergehen, 1 fM in jede M bis zu den letzten 2 M, 1 M übergehen, 1 fM in die letzte M; wenden (= 16 M).
34. Reihe: 1 Lm, 1 fM in jede M bis R-Ende; wenden.
35. und 36. Reihe: Zu Fb B wechseln; 1 Lm, 1 fM in jede M bis R-Ende; wenden.

37. Reihe: Zu Fb A wechseln; 1 Lm, 1 M übergehen, 1 fM in jede M bis zu den letzten 2 M, 1 M übergehen, 1 fM in die letzte M; wenden (= 14 M).
38. Reihe: 1 Lm, 1 fM in jede M bis R-Ende; wenden.
Den Faden abschneiden und sichern. Die Fadenenden vernähen.

Vorderteil

Bis zum Ende der 16. R häkeln, wie beim Rückenteil beschrieben.
Nun für den vorderen Schlitz in 2 Teilen weiterhäkeln wie folgt:

Rechte Seite:
17. Reihe: Zu Fb A wechseln; 1 Lm, 1 M übergehen, 16 fM; wenden (= 16 M).
18. Reihe: 1 Lm, 1 fM, 2 Lm, 2 M übergehen, 13 fM; wenden.
19. Reihe: Zu Fb B wechseln; 1 Lm 13 fM, je 1 fM in die nächsten 2 Lm, 1 fM; wenden (= 16 M).
20. Reihe: 1 Lm, 1 fM in jede M bis R-Ende; wenden.
21. Reihe: Zu Fb A wechseln; 1 Lm, 16 fM; wenden (= 16 M).
22. Reihe: 1 Lm, 1 fM, 2 Lm, 2 M übergehen, 13 fM; wenden.
23. Reihe: Zu Fb B wechseln; 1 Lm, 13 fM, je 1 fM in die nächsten 2 Lm, 1 fM; wenden (= 16 M).
24. Reihe: 1 Lm, 1 fM in jede M bis R-Ende; wenden.
25. Reihe: Zu Fb A wechseln; 1 Lm, 1 M übergehen, 15 fM; wenden (= 15 M).
26. Reihe: 1 Lm, 1 fM, 2 Lm, 2 M übergehen, 12 fM; wenden.
27. Reihe: Zu Fb B wechseln; 1 Lm, 12 fM, je 1 fM in die nächsten 2 Lm, 1 fM; wenden (= 15 M).
28. Reihe: 1 Lm, 1 fM in jede M bis R-Ende; wenden.
29. Reihe: Zu Fb A wechseln; 1 Lm, 1 M übergehen, 14 fM; wenden (= 14 M).
30. Reihe: 1 Lm, 1 fM, 2 Lm, 2 M übergehen, 11 fM; wenden.
31. Reihe: Zu Fb B wechseln; je 1 Km in die ersten 3 M, [1 Km, 1 Lm, 1 fM] in die nächste M, 7 fM, je 1 fM in die nächsten 2 Lm, 1 fM; wenden (= 11 M).
32. Reihe: 1 Lm, 1 fM in jede M bis R-Ende; wenden.
33. Reihe: Zu Fb A wechseln; 1 Lm, 1 M übergehen, 10 fM; wenden (= 10 M).
34. Reihe: 1 Lm, 1 fM, 2 Lm, 2 M übergehen, 7 fM; wenden.
35. Reihe: Zu Fb B wechseln; 1 Lm, 7 fM, je 1 fM in die nächsten 2 Lm, 1 fM; wenden (= 10 M).
36. Reihe: Je 1 Km in die ersten 3 M, [1 Km, 1 Lm, 1 fM] in die nächste M, 4 fM; wenden (= 5 M).
37. Reihe: Zu Fb A wechseln; 1 Lm, 1 M übergehen, 4 fM; wenden (= 4 M).
38. Reihe: 1 Lm, 1 fM in jede M bis R-Ende; wenden (= 4 M).
Den Faden abschneiden und sichern. Die Fadenenden vernähen.

Linke Seite:
An der Seite des Schlitzes wird nun ein Untertritt für die Knopfleiste gehäkelt.
In Fb A 4 Lm häkeln und mit 1 Km auf der Seite des Schlitzes an der 17. R anschlingen.
17. Reihe: 1 fM in die 2. Lm von der Häkelnd aus, je 1 fM in die nächsten 2 Lm, 12 fM über die M der linken Seite, 1 M übergehen, 1 fM in die letzte M; wenden (= 16 M).
18. Reihe: 1 Lm, 1 fM in jede M bis R-Ende; wenden.
19.–24. Reihe: Wie die 2. R häkeln, dabei für das Streifenmuster nach jeweils 2 R die Garnfb wechseln; mit einem Streifen in Fb B enden.
25. Reihe: Zu Fb A wechseln; 1 Lm, 1 fM in jede M bis zu den letzten 2 M, 1 M übergehen, 1 fM in die letzte M; wenden (= 15 M).
26. Reihe: 1 Lm, 1 fM in jede M bis R-Ende; wenden.
27. und 28. Reihe: Zu Fb B wechseln; 1 Lm, 1 fM in jede M bis R-Ende; wenden.
29. Reihe: Zu Fb A wechseln; 1 Lm, 1 fM in jede M bis zu den letzten 2 M, 1 M übergehen, 1 fM in die letzte M; wenden (= 14 M).
30. Reihe: 1 Lm, 1 fM in jede M bis R-Ende; wenden.
31. Reihe: Zu Fb B wechseln; 1 Lm, 11 fM; wenden (= 11 M).
32. Reihe: 1 Lm, 1 fM in jede M bis R-Ende; wenden.
33. Reihe: Zu Fb A wechseln; 1 Lm, 1 fM in jede M bis zu den letzten 2 M, 1 M übergehen, 1 fM in die letzte M; wenden (= 10 M).
34. Reihe: 1 Lm, 1 fM in jede M bis R-Ende; wenden.
35. Reihe: Zu Fb B wechseln; 1 Lm, 10 fM; wenden (= 10 M).
36. Reihe: 1 Lm, 5 fM; wenden (= 5 M).
37. Reihe: Zu Fb A wechseln; 1 Lm, 3 fM, 1 M übergehen, 1 fM; wenden (= 4 M).
38. Reihe: 1 Lm, 1 fM in jede M bis R-Ende; wenden.
Den Faden abschneiden und sichern. Die Fadenenden vernähen.

Ärmel (2 x arb)

Mit der Häkelnd 3,5 mm und Fb B 21 Lm anschl.
1. Reihe: Je 1 fM in die 2. Lm von der Häkelnd aus und in jede folg Lm bis R-Ende; wenden (= 20 M).
2. Reihe: 1 Lm, 1 fM in jede M bis R-Ende; wenden.
3. und 4. Reihe: Zu Fb A wechseln; wie die 2. R häkeln.
5. und 6. Reihe: Zu Fb B wechseln; wie die 2. R häkeln.
7. Reihe: Zu Fb A wechseln; je 1 Km in die ersten 3 M, [1 Km, 1 Lm, 1 fM] in die nächste M, 13 fM; wenden (= 14 M).
8. Reihe: 1 Lm, 1 M übergehen, 1 fM in jede M bis zu den letzten 2 M, 1 M übergehen, 1 fM in die letzte M; wenden (= 12 M).
9. Reihe: Zu Fb B wechseln; 1 Lm, 1 M übergehen, 1 fM in jede M bis zu den letzten 2 M, 1 M übergehen, 1 fM in die letzte M; wenden (= 10 M).
10. Reihe: 1 Lm, 1 M übergehen, 1 fM in jede M bis zu den letzten 2 M, 1 M übergehen, 1 fM in die letzte M; wenden (= 8 M).
11. Reihe: Zu Fb A wechseln; 1 Lm, 1 M übergehen, 1 fM in jede M bis zu den letzten 2 M, 1 M übergehen, 1 fM in die letzte M; wenden (= 6 M).
12. Reihe: 1 Lm, 1 M übergehen, 1 fM in jede M bis zu den letzten 2 M, 1 M übergehen, 1 fM in die letzte M; wenden (= 4 M).
13. Reihe: Zu Fb B wechseln; 1 Lm, 1 fM in jede M bis R-Ende; wenden.
Den Faden abschneiden und sichern. Die Fadenenden vernähen.

Fertigstellung

Die Schulternähte schließen. Die Ärmel an Vorderteile und Rückenteil nähen. Die Seitennähte und die Ärmelnähte schließen. Die inneren Beinnähte schließen. Achten

Nach ausgiebigem Plantschen ruht sich Sidney oft in seiner Hängematte aus.

Besonderen Spaß macht Sidney das Spielen mit seinem Wasserball.

Sidney liebt seinen gestreiften Badeanzug im Großvaterstil.

Mit diesem witzigen Schwimmreifen kann Sidney im Wasser herumtollen, obwohl er nicht gerade ein Champion im Schwimmen ist.

Die Wimpelgirlande, mit der Maisie ihren Platz am Strand markiert, lässt Partystimmung aufkommen.
Um ihre Haut zu schützen, trägt Maisie immer einen Sonnenhut.
Durch die Rüsche bekommt Maisies bequemer Tankini eine romantische Note.
Wenn Maisie an den Strand geht, hat sie stets einen ganzen Korb voller Bücher und Sandwiches dabei.

Sie dabei stets darauf, dass die Streifen beider Teile beim Zusammennähen übereinstimmen. 5 kleine Knöpfe passend zu den Knopflöchern auf die Knopfleiste des Vorderteils nähen.

Sidneys Wasserball

Material und Zubehör

- Debbie Bliss Baby Cashmerino (55 % Wolle, 33 % Polyacryl, 12 % Kaschmir; LL 125 m/50 g): Reste in A Ruby (Fb 700) und B Ecru (Fb 101)
- Häkelnadel 3,5 mm
- Wollnadel
- Styroporkugel, ∅ ca. 10 cm

Mit der Häkelnd 3,5 mm und Fb A 21 Lm anschl.

1. Reihe: 1 Km in die 2. Lm von der Häkelnd aus, 1 Km, 2 fM, 12 hStb, 2 fM, 2 Km; wenden (= 20 M).

2. Reihe: 1 Lm, 2 Km, 2 fM, 12 hStb, 2 fM, 2 Km; wenden (= 20 M).

3. und 4. Reihe: Zu Fb B wechseln; wie die 2. R häkeln.

5.–28. Reihe: Wie die 2. R häkeln, dabei für das Streifenmuster nach jeweils 2 R die Garnfb wechseln; mit einem Streifen in Fb B enden.

Die 1. und die letzte R rechts auf rechts zusammenhäkeln:

Nächste Reihe: 1 Lm, 1 Km in jede M.

Den Faden bis auf ein langes Fadenende abschneiden und sichern.

Fertigstellung

Das Fadenende in die Wollnd einfädeln und nacheinander beide Seiten mit kurzen Vorstichen einreihen. Die Öffnung an einer Seite fest zusammenziehen und das Fadenende vernähen. Die Styroporkugel in die Hülle schieben, die andere Öffnung ebenfalls zusammenziehen und das Fadenende vernähen.

Sidneys Hängematte

Material und Zubehör

- Debbie Bliss Baby Cashmerino (55 % Wolle, 33 % Polyacryl, 12 % Kaschmir; LL 125 m/50 g): je 50 g in A White (Fb 100) und B Royal (Fb 70)
- Häkelnadel 3,5 mm
- Wollnadel
- 2 Schlüsselringe

Hinweis: Die Hängematte wird in Hin- und Rückr in einem weiß-blauen Streifenmuster gehäkelt.

Mit der Häkelnd 3,5 mm und Fb A 31 Lm anschl.

1. Reihe: Je 1 fM in die 2. Lm von der Häkelnd aus und in jede folg Lm bis R-Ende; wenden (= 30 M).

2.–6. Reihe: 1 Lm, 1 fM in jede M bis R-Ende; wenden.

7.–12 Reihe: Zu Fb B wechseln; wie die 2. R häkeln.

13.–18. Reihe: Zu Fb A wechseln; wie die 2. R häkeln.

19.–54. Reihe: Wie die 7.–18. R häkeln, dabei die Garnfb nach jeweils 6 R wechseln; mit einem Streifen in Fb A enden.

Den Faden abschneiden und sichern. Die Fadenenden vernähen.

Aufhängeschlaufen

An jeder Schmalseite der Hängematte den Faden in Fb A mit 1 Km an der rechten Ecke anschlingen und häkeln wie folgt:

* 30 Lm, 4 M übergehen, 1 Km in die nächste M; ab * noch 5 x wdh (= 6 Schlaufen).

Die 6 Schlaufen jeder Seite mit jeweils 1 Schlüsselring zusammenfassen.

Sidneys Schwimmreifen

Material und Zubehör

- Debbie Bliss Baby Cashmerino (55 % Wolle, 33 % Polyacryl, 12 % Kaschmir; LL 125 m/50 g): je 50 g in A Acid Yellow (Fb 91) und B Sienna (Fb 67)
- Häkelnadel 3,5 mm
- Wollnadel
- Kunstfaser-Füllwatte
- 2 kleine schwarze Perlen

Ring

Mit der Häkelnd 3,5 mm und Fb A 40 Lm anschl und mit 1 Km zum Ring schließen. In Spiralrd häkeln.

1. und 2. Runde: 1 fM in jede Lm häkeln (= 40 M).

3. Runde: 10 x [3 fM, 1 fM verd] (= 50 M).

4. und 5. Runde: 1 fM in jede M der Vorrd häkeln (= 50 M).

6. Runde: 10 x [4 fM, 1 fM verd] (= 60 M).

7.–9. Runde: 1 fM in jede M der Vorrd häkeln (= 60 M).

10. Runde: 10 x [4 fM, 2 fM zus abm] (= 50 M).

11. und 12. Runde: 1 fM in jede M der Vorrd häkeln (= 50 M).

13. Runde: 10 x [3 fM, 2 fM zus abm] (= 40 M).

14. und 15. Runde: 1 fM in jede M der Vorrd häkeln (= 40 M).

Den Faden bis auf ein langes Fadenende abschneiden und sichern.

Die Lm-Kette vom Anfang und die letzte R sorgfältig zusammennähen, sodass ein Ring entsteht, und diesen Ring nach und nach mit Füllwatte ausstopfen. Die Fadenenden vernähen.

Entenkopf

Mit der Häkelnd 3,5 mm und Fb A einen Fadenring arb.

1. Runde: 1 Lm, 6 fM in den Fadenring arb (= 6 M).

2. Runde: 2 fM in jede M der Vorrd arb (= 12 M).

3. Runde: 6 x [1 fM in die nächste M, 1 fM verd] (= 18 M).

4. Runde: 6 x [2 fM, 1 fM verd] (= 24 M).

5. und 6. Runde: 2 Rd fM häkeln.

7. Runde: 6 x [2 fM, 2 fM zus abm] (= 18 M).

8. Runde: 6 x [1 fM, 2 fM zus abm] (= 12 M).

Den Kopf mit etwas Füllwatte ausstopfen.

9. Runde: 6 x 2 fM zus abm (= 6 M).

Den Faden abschneiden und sichern. Den Kopf vollends mit Füllwatte ausstopfen. Die letzten 6 M mit dem Fadenende zusammenziehen und das Fadenende vernähen.

Schnabel

Mit der Häkelnd 3,5 mm und Fb B einen Fadenring arb.

1. Runde: 1 Lm, 8 fM in den Fadenring arb (= 8 M).

2. Runde: 2 fM in jede M (= 16 M).
3. und 4. Runde: 3 Rd fM häkeln.

Schwanz

Mit der Häkelnd 3,5 mm und Fb A einen Fadenring arb.
1. Runde: 1 Lm, 8 fM in den Fadenring arb (= 8 M).
2. Runde: 2 fM in jede M (= 16 M).
3. Runde: * 1 M übergehen, 4 Stb, 1 M übergehen, 1 Km; ab * noch 2 x wdh (= 4 M).
Den Faden abschneiden und sichern.
Den Schnabel und die beiden schwarzen Perlen für die Augen an den Kopf nähen.
Kopf und Schwanz am Schwimmreifen annähen.

Maisies Tankini

Material und Zubehör

- Debbie Bliss Baby Cashmerino (55 % Wolle, 33 % Polyacryl, 12 % Kaschmir; LL 125 m/50 g): je 50 g in A Lipstick Pink (Fb 78) und B White (Fb 100)
- Häkelnadel 3,5 mm
- Wollnadel
- 2 Knöpfe, ∅ 10 mm

Hinweis: Der Tankini wird von oben nach unten in Spiralrd gearbeitet; anschließend wird die Rüsche mit DStb angehäkelt.

Mit der Häkelnd 3,5 mm und Fb A 38 Lm anschl und mit 1 Km zum Ring schließen. In Spiralrd häkeln.
1. Runde: 1 Lm, 1 fM in jede Lm; MM einhängen (= 38 M).
2. und 3. Runde: 2 Rd fM häkeln.
4. Runde: Zu Fb B wechseln; 1 Rd fM häkeln.
5. Runde: Zu Fb A wechseln; 1 Rd fM häkeln.
6. Runde: 2 x [17 fM, die nächsten 2 fM verd] (= 42 M).
7. Runde: 1 Rd fM häkeln.
8. Runde: Zu Fb B wechseln; 1 Rd fM häkeln.
9.–11. Runde: Zu Fb A wechseln; 3 Rd fM häkeln.
12. Runde: Zu Fb B wechseln; 2 x [19 fM, die nächsten 2 fM verd] (= 46 M).
13.–15. Runde: Zu Fb A wechseln; 3 Rd fM häkeln.
16. Runde: Zu Fb B wechseln; 1 Rd fM häkeln.
17. Runde: Zu Fb A wechseln; 1 Rd fM häkeln.
Den Faden nicht abschneiden.

Rüsche:
18. Runde: 4 Lm, 2 DStb in die M an der Basis der 4 Lm, 3 DStb in jede M bis Rd-Ende, 1 Km in die oberste der 4 Anfangs-Lm.
Den Faden abschneiden und sichern.

Träger (2 x arb)

Mit der Häkelnd 3,5 mm und Fb A 14 Lm anschl.
1. Reihe: Je 1 fM in die 2. Lm von der Häkelnd aus und in jede folg Lm bis R-Ende; wenden (= 13 M).
2. Reihe: 1 fM in jede M bis R-Ende, 5 Lm, dann den Faden bis auf ein 20 cm langes Fadenende abschneiden und sichern. Die 5 Lm mittig zur Schlaufe zusammenlegen und mit einigen Stichen am Ende des Trägers fixieren.

Fertigstellung

Das gerade Ende jedes Trägers so am Vorderteil des Tankinis annähen, dass die Träger bequem über die Schultern des Bären führen. Dann 2 Knöpfe auf der Innenseite des Rückenteils annähen und die Träger dort mithilfe der Schlaufen anknöpfen.

Ab und zu leiht Sidney sich Maisies Hut aus.

Maisies Sonnenhut

Material und Zubehör

- Debbie Bliss Baby Cashmerino (55 % Wolle, 33 % Polyacryl, 12 % Kaschmir; LL 125 m/50 g): Rest in Camel (Fb 102)
- Häkelnadel 3,5 mm
- Wollnadel

1. Runde: 1 Lm, 6 fM in den Fadenring arb (= 6 M).
2. Runde: 2 fM in jede M der Vorrd arb (= 12 M).
3. Runde: 6 x [1 fM in die nächste M, 1 fM verd] (= 18 M).
4. Runde: 6 x [2 fM, 1 fM verd] (= 24 M).
5. Runde: 6 x [3 fM, 1 fM verd] (= 30 M).
6. Runde: 6 x [4 fM, 1 fM verd] (= 36 M).
7. Runde: 6 x [5 fM, 1 fM verd] (= 42 M).
8. Runde: 6 x [6 fM, 1 fM verd] (= 48 M).
9. Runde: 14 fM, 7 Lm, 7 M übergehen, 6 fM, 7 Lm, 7 M übergehen, 14 fM (= 48 M).
10. Runde: 1 fM in jede fM und jede Lm.
11. und 12. Runde: 2 Rd fM häkeln.
13. Runde: In die hMg der Vorrd häkeln: 24 x [1 fM, 1 fM verd] (= 72 M).
14. und 15. Runde: 2 Rd fM häkeln.
16. Runde: 24 x [2 fM, 1 fM verd] (= 96 M).
17. und 18. Runde: 2 Rd fM häkeln.
Den Faden abschneiden und sichern. Die Fadenenden vernähen.

Maisies Korb

Material und Zubehör

- 1 Strang Naturbast
- Häkelnadel 5 mm
- Pompons aus Garnresten, Ø 20 mm (mit einem Pompon-Maker angefertigt)
- Schere

Hinweis: Der Bast wird in verhältnismäßig kurzen Stücken geliefert. Sie können die einzelnen Fäden mit kleinen Knoten verbinden und die Enden nach Abschluss der Häkelarbeit zurückschneiden.

Mit der Häkelnd 5 mm einen Fadenring arb.
1. Runde: 1 Lm, 8 fM in den Fadenring (= 8 M).
2. Runde: 2 fM in jede M (= 16 M).
3. Runde: 8 x [1 fM, 1 fM verd] (= 24 M).
4. Runde: 8 x [2 fM, 1 fM verd] (= 32 M).
5. Runde: 8 x [3 fM, 1 fM verd] (= 40 M).
6.–13. Runde: 8 Rd fM häkeln.
14. Runde: 1 Rd Km in die letzte Rd des Korbes arb.
Den Faden abschneiden und sichern.
Die Enden der Bastfäden auf der Innenseite des Korbes abschneiden.

Henkel

Mit 2 Fäden von Garnresten 10 Lm anschl.
Mit Bast 16 fM um die Lm-Kette häkeln.
Den Henkel mit den Enden der Garnfäden an den Seiten des Korbes annähen.
Abstehende Bastfädchen abschneiden.

3 Pompons in unterschiedlichen Fb anfertigen (siehe Seite 120) und an einer Seite des Korbes annähen.

Maisies Wimpelkette

Material und Zubehör

- Scheepjes Merino Soft (50 % extrafeine Merinowolle mit Superwash-Ausrüstung, 25 % Mikrofaser, 25 % Polyacryl; LL 105 m/50 g): Reste in A Picasso (Fb 621), B Munch (Fb 620), C Dürer (Fb 644), D Kahlo (Fb 626), E Mondrian (Fb 611), F Matisse (Fb 635) und G Raphael (Fb 602)
- Häkelnadel 3 mm
- Wollnadel

Mit der Häkelnd 3 mm und Fb A 2 Lm anschl.
1. Reihe: 2 fM in die 2. Lm von der Häkelnd aus; wenden (= 2 M).
2. Reihe: 1 Lm, 1 fM verd, 1 fM; wenden (= 3 M).
3. Reihe: 1 Lm, 1 fM verd, 1 fM in jede M bis R-Ende; wenden (= 4 M).
4. Reihe: 1 Lm, 1 fM verd, 1 fM in jede M bis R-Ende; wenden (= 5 M).
5. Reihe: 1 Lm, 1 fM verd, 1 fM in jede M bis R-Ende; wenden (= 6 M).
6. Reihe: 1 Lm, 1 fM verd, 1 fM in jede M bis R-Ende; wenden (= 7 M).
7. Reihe: 1 Lm, 1 fM verd, 1 fM in jede M bis R-Ende; wenden (= 8 M).
Den Faden abschneiden und sichern; die Fadenenden vernähen. 4 Dreiecke in jeder Fb häkeln.
Um die Dreiecke zur Wimpelkette zu verbinden, in Fb G 8 Lm häkeln, 1 Km in die 1. Lm, * 6 Lm, 8 fM in die M an der Oberkante eines Dreiecks; ab * fortlfd wdh bis zum Ende des letzten Dreiecks, 14 Lm, 1 Km in die 8. Lm von der Häkelnd aus.

Ada

Ada liebt nichts mehr als eine Liste, auf der alles feinsäuberlich abgehakt ist. Sie will, dass alles sauber und ordentlich ist; erst dann kann sie sich entspannen. Als echte Partylöwin wird sie zum Star, wenn es ums Singen geht.

Roger lächelt und scherzt ständig, sodass seine Gesellschaft Spaß macht, obwohl er ein bisschen tollpatschig ist. An den Wochenenden zeltet er am liebsten mit seinen Freunden und unterhält sie am Lagerfeuer mit allerlei lustigen Geschichten.

Roger

Ada & Roger

Die Löwen

Ada trägt ein besonders schickes Outfit: Granny-Squares bilden den vorderen und den hinteren Latz ihres Trägerrocks. Die Jacke dazu wird von der Regenbogenpasse aus nach unten gehäkelt. Roger zeigt sich im sportlichen Look. Seine Baseballjacke mit dem Sternmotiv bringt das Streifenshirt darunter gut zur Geltung.

Material und Zubehör

Für Ada

- Scheepjes Merino Soft (50 % Superwash-Merinowolle, 25 % Polyacryl, 25 % Mikrofaser; LL 105 m/50 g):

A 100 g in Van Gogh (Fb 641)

B 50 g in Raphael (Fb 602) für Unterhose und Nase

- James C. Brett Faux Fur (90 % Polyamid, 10 % Polyester; LL 90 m/100 g):

D Rest in Brown (Fb H5) für den Schwanz

Für Roger

- Scheepjes Merino Soft (50 % Superwash-Merinowolle, 25 % Polyacryl, 25 % Mikrofaser; LL 105 m/50 g):

A 100 g in Van Gogh (Fb 641)

B Rest in Raphael (Fb 602) für die Nase

C Rest in Soutine (Fb 615) für die Unterhose

- James C. Brett Faux Fur (90 % Polyamid, 10 % Polyester; LL 90 m/100 g):

D 50 g in Brown (Fb H5) für Mähne und Schwanz

- Häkelnadeln 3,5 mm und 4 mm
- Sicherheitsnadel
- Wollnadel
- Kunstfaser-Füllwatte
- Sicherheitsaugen und Sicherheitsnase
- Baumwollsticktwist und Nähgarn in Schwarz

Größe

Die Löwen sind 30 cm groß.

Ohren (2 x arb)

Mit der Häkelnd 3,5 mm und Fb A einen Fadenring arb (siehe Seite 112).

1. Runde: 1 Lm, 6 fM in den Fadenring arb (= 6 M).

2. Runde: 2 fM in jede M (= 12 M).

3.–5. Runde: 1 fM in jede M der Vorrd arb.

6. Runde: 6 x 2 fM zus abm (= 6 M).

Den Faden bis auf ein 20 cm langes Fadenende abschneiden und sichern. Das Ohr glatt streichen.

Kopf

Mit der Häkelnd 3,5 mm und Fb B einen Fadenring arb.

1. Runde: 1 Lm, 6 fM in den Fadenring arb (= 6 M).

2. Runde: 2 fM in jede M (= 12 M).

3. Runde: 6 x [1 fM in die nächste M, 1 fM verd] (= 18 M).

Die Nase wird in Weiß (Fb B) und Gold (Fb A) gehäkelt. Die jeweils nicht verwendete Fb auf der Oberseite der M mit einhäkeln und beim Fb-Wechsel wieder aufnehmen.

4. Runde: Fb A (Gold) dazunehmen, 5 fM, zu Fb B (Weiß) wechseln, 13 fM (= 18 M).

5. Runde: Zu Fb A wechseln, 5 fM, zu Fb B wechseln, 13 fM (= 18 M).

Den Faden in Fb A abschneiden.

6. Runde: 1 Rd fM häkeln (= 18 M).

7. Runde: 6 x [2 fM, 1 fM verd] (= 24 M).

8. Runde: 6 x [3 fM, 1 fM verd] (= 30 M).

9. Runde: 6 x [4 fM, 1 fM verd] (= 36 M).

10. Runde: 6 x [5 fM, 1 fM verd] (= 42 M).

11. Runde: 6 x [6 fM, 1 fM verd] (= 48 M).

12.–17. Runde: 6 Rd fM häkeln.

Schlitze für die Ohren arb wie folgt:

18. Runde: 4 fM, 3 Lm, 3 M übergehen, 7 fM, 3 Lm, 3 M übergehen, 31 fM (= 48 M).

19. Runde: 1 fM in jede fM und jede Lm.

20. Runde: 1 Rd fM häkeln.

21. Runde: 6 x [6 fM, 2 fM zus abm] (= 42 M).

22. Runde: 6 x [5 fM, 2 fM zus abm] (= 36 M).

23. Runde: 6 x [4 fM, 2 fM zus abm] (= 30 M).

24. Runde: 6 x [3 fM, 2 fM zus abm] (= 24 M).

An diesem Punkt erst einmal pausieren und die Arbeitsschlinge auf einer Sicherheitsnd stilllegen. Die Sicherheitsaugen und die Nase gemäß den Fotos am Kopf platzieren und einsetzen. Dann die Ohren mit der Unterkante in die Schlitze schieben und fest annähen. Den Kopf fest mit Füllwatte ausstopfen. Die Arbeitsschlinge wieder auf die Häkelnd nehmen und weiter M abn wie folgt:

25. Runde: 6 x [2 fM, 2 fM zus abm] (= 18 M).

26. Runde: 6 x [1 fM, 2 fM zus abm] (= 12 M).

27. Runde: Fortlfd 2 fM zus abm bis Rd-Ende (= 6 M).

Den Faden bis auf ein langes Fadenende abschneiden und sichern. Den Kopf vollends mit Füllwatte ausstopfen. Die letzten 6 M mit dem Fadenende fest zusammenziehen und das Fadenende vernähen. Die Linie unter der Nase und das Maul mit schwarzem Baumwollsticktwist aufsticken

(siehe Fotos). Bei Ada außerdem außen an jedes Auge 2 kurze Stiche für die Augenwimpern sticken.

Mähne für Roger

Mit der Häkelnd 4 mm und Fb D einen Fadenring arb.
1. Runde: 1 Lm, 6 fM in den Fadenring arb (= 6 M).
2. Runde: 2 fM in jede M (= 12 M).
3. Runde: 6 x [1 fM in die nächste M, 1 fM verd] (= 18 M).
4. Runde: 6 x [2 fM, 1 fM verd] (= 24 M).
5. Runde: 6 x [3 fM, 1 fM verd] (= 30 M).
6. Runde: 6 x [4 fM, 1 fM verd] (= 36 M).
7. Runde: 6 x [5 fM, 1 fM verd] (= 42 M).
8. Runde: 6 x [6 fM, 1 fM verd] (= 48 M).
Schlitze für die Ohren arb wie folgt:
9. Runde: 3 fM, 4 Lm, 4 M übergehen, 7 fM, 4 Lm, 4 M übergehen, 30 fM (= 48 M).
10. Runde: 1 fM in jede fM und jede Lm.
11. und 12. Runde: 2 Rd fM häkeln.
Den Faden abschneiden und sichern. Die Fadenenden vernähen. Die Mähne auf dem Hinterkopf des Löwen platzieren und die Ohren durch die Schlitze schieben. Dann die Mähne mit schwarzem Nähgarn fest am Kopf annähen.

Arme (2 x arb)

Mit der Häkelnd 3,5 mm und Fb A 12 Lm anschl und mit 1 Km zum Ring schließen.
1. Runde: 1 Lm, 1 fM in die 1. Lm, je 1 fM in jede Lm bis Rd-Ende (= 12 M).
2. Runde: 4 x [2 fM, 1 fM verd] (= 16 M).
3. Runde: 4 x [3 fM, 1 fM verd] (= 20 M).
4.–12. Runde: 9 Rd fM häkeln.
13. Runde: 4 x [3 fM, 2 fM zus abm] (= 16 M).
14.–20. Runde: 7 Rd fM häkeln.
21. Runde: 4 x [2 fM, 2 fM zus abm] (= 12 M).
22.–24. Runde: 3 Rd fM häkeln.
25. Runde: 2 x [4 fM, 2 fM zus abm] (= 10 M).
26. Runde: 1 Rd fM häkeln.
Den Faden abschneiden und sichern. Den Arm mittig zusammenlegen und die Anfangs-Lm für die Pfote zusammennähen. Beide Arme mit Füllwatte ausstopfen.

Füße und Beine (2 x arb)

Mit der Häkelnd 3,5 mm und Fb A 8 Lm anschl. Rund um diese zentrale Lm-Kette häkeln, sodass eine ovale Fußsohle entsteht. In fortlfd Spiralrd häkeln und die letzte M der Rd markieren.
1. Runde: 1 fM in die 2. Lm von der Häkelnd aus, je 1 fM in die nächsten 6 fM, 2 Lm, je 1 fM in jede Lm auf der anderen Seite der Lm-Kette, 2 Lm (= 18 M).
2. Runde: 7 fM, 3 fM in den Lm-Bg, 7 fM, 3 fM in den Lm-Bg (= 20 M).
3. Runde: 7 fM, je 2 fM in jede der 3 End-fM, 7 fM, je 2 fM in jede der 3 End-fM (= 26 M).
4. Runde: 1 fM ins hMg jeder fM der Vorrd.
5.–7. Runde: 3 Rd fM häkeln.
8. Runde: 8 fM, 3 x 2 fM zus abm, 12 fM (= 23 M).
9. Runde: 8 fM, 3 fM zus abm, 10 fM, 2 fM zus abm (= 20 M).
10.–27. Runde: 18 Rd fM häkeln.
Den Faden bis auf ein 20 cm langes Fadenende abschneiden und sichern. Beide Füße und Beine fest mit Füllwatte ausstopfen. Das obere Ende jedes Beins quer zusammenlegen und über die M an der Oberkante der Beine den Körper anhäkeln.

Körper

Den Faden in der Fb der Unterhose an der Rückseite des linken Beins anschlingen, 20 fM häkeln, dann 20 fM über das rechte Bein häkeln, um die Beine zu verbinden (= 40 M). In fortlfd Spiralrd weiterhäkeln wie folgt:
1. Runde: 1 Rd fM häkeln (= 40 M).
2. Runde: 4 x [9 fM, 1 fM verd] (= 44 M).
3. Runde: 1 Rd fM häkeln.
4. Runde: 4 x [10 fM, 1 fM verd] (= 48 M).
5.–8. Runde: 4 Rd fM häkeln.
Zu Fb A wechseln.
9. und 10. Runde: 2 Rd fM häkeln.
11. Runde: 4 x [10 fM, 2 fM zus abm] (= 44 M).
12.–15. Runde: 4 Rd fM häkeln.
16. Runde: 4 x [9 fM, 2 fM zus abm] (= 40 M).
17.–20. Runde: 4 Rd fM häkeln.
21. Runde: 4 x [8 fM, 2 fM zus abm] (= 36 M).
22.–25. Runde: 4 Rd fM häkeln.
26. Runde: 4 x [7 fM, 2 fM zus abm] (= 32 M).
In der nächsten Rd die Arme anhäkeln; dazu in die M an der Oberkante der Arme einstechen. Die Arme seitlich am Körper platzieren und feststecken.
27. Runde: 1 fM in jede M bis zum 1. Arm, den 1. Arm mittig zusammenlegen, * je 1 fM in die nächsten 5 fM durch beide Lagen des Arms und die entsprechenden fM des Körpers hindurch *, je 1 fM in jede M der Körper-Vorderseite bis zum nächsten Arm, von * bis * beim anderen Arm wdh, 1 fM in jede fM des Körpers bis Rd-Ende (= 32 M).
28. Runde: 1 Rd fM häkeln.
Den Faden bis auf ein 20 cm langes Fadenende abschneiden und sichern. Mit einer Wollnd das Fadenende durch die fM der letzten Rd führen und die Halsöffnung auf einen Durchmesser von 10 cm leicht zusammenziehen. Füße, Beine und Körper fest mit Füllwatte ausstopfen. Den Kopf fest auf die Halsöffnung des Körpers nähen.

Schwanz

Mit der Häkelnd 3,5 mm und Fb A einen Fadenring arb.
1. Runde: 1 Lm, 8 fM in den Fadenring (= 8 M).
2. Runde: 1 fM in jede M der Vorrd arb.
Weiter fM in Spiralrd häkeln, bis der Schwanz eine Länge von 10 cm hat.
Den Faden bis auf ein längeres Fadenende abschneiden und sichern.
Mit der Häkelnd 3,5 mm den Faden in Fb D am Beginn des Schwanzes unterhalb des Fadenrings anschlingen, 4 Lm und 5 DStb rund um den Schwanz arb. Den Faden abschneiden und sichern. Das Fadenende durch die oberen Mg des Schwanzes führen und fest anziehen. Den Schwanz fest am Hinterteil des Löwen annähen.

Wenn Ada ihre modische Schottenmütze trägt, fühlt sie sich besonders hübsch.
Die fröhliche Regenbogenpasse der Jacke spiegelt Adas positive Ausstrahlung wider.
In ihrem schicken Kleid ist Ada für jeden Anlass genau richtig angezogen.
Ada trägt immer flache Schuhe, sodass sie rasch irgendwohin flitzen kann, um dies und das zu erledigen.

Rogers bequeme Jacke ist genau das Richtige für Abende am Lagerfeuer.

Um jederzeit für ein Fußballmatch gerüstet zu sein, trägt Roger am liebsten Shorts.

Auf seine Turnschuhe ist Roger sehr stolz, denn es sind seine Torjäger-Glücksschuhe.

Kleidung für die Löwen

Rogers Streifenshirt

Material und Zubehör

- Scheepjes Merino Soft (50 % Superwash-Merinowolle, 25 % Polyacryl, 25 % Mikrofaser; LL 105 m/50 g): je 50 g in A Rothko (Fb 623) und B Hockney (Fb 638)
- Häkelnadel 3,5 mm
- Wollnadel

Hinweis: Das Shirt wird in Hin- und Rückr in einem rot-blauen Streifenmuster gehäkelt.

Rücken- und Vorderteil (2 x arb)

Mit der Häkelnd 3,5 mm und Fb A 27 Lm anschl.
1. Reihe: Je 1 fM in die 2. Lm von der Häkelnd aus und in jede folg Lm bis R-Ende; wenden (= 26 M).
2. Reihe: 1 Lm, 1 fM in jede M bis R-Ende; wenden.
3. und 4. Reihe: Zu Fb B wechseln; wie die 2. R häkeln.
5. und 6. Reihe: Zu Fb A wechseln; wie die 2. R häkeln.
7.–14. Reihe: Wie die 2. R häkeln, dabei für das Streifenmuster nach jeweils 2 R die Garnfb wechseln; mit einem Streifen in Fb A enden.
15. Reihe: Zu Fb B wechseln; 1 Lm, 1 M übergehen, 1 fM in jede M bis R-Ende; wenden (= 25 M).
16. Reihe: 1 Lm, 1 M übergehen, 1 fM in jede M bis R-Ende; wenden (= 24 M).
17. Reihe: Zu Fb A wechseln; je 1 Km in die ersten 3 M, [1 Km, 1 Lm, 1 fM] in die nächste M, 17 fM; wenden (= 18 M).
18. Reihe: 1 Lm, 1 fM in jede M bis R-Ende; wenden.
19. Reihe: Zu Fb B wechseln; 1 Lm, 1 M übergehen, 1 fM in jede M bis zu den letzten 2 M, 1 M übergehen, 1 fM in die letzte M; wenden (= 16 M).
20. Reihe: 1 Lm, 1 fM in jede M bis R-Ende; wenden.
21. und 22. Reihe: Zu Fb A wechseln; 1 Lm, 1 fM in jede M bis R-Ende; wenden.
23. Reihe: Zu Fb B wechseln; 1 Lm, 1 M übergehen, 1 fM in jede M bis zu den letzten 2 M, 1 M übergehen, 1 fM in die letzte M; wenden (= 14 M).
24. Reihe: 1 Lm, 1 fM in jede M bis R-Ende; wenden.
Den Faden abschneiden und sichern. Die Fadenenden vernähen.

Ärmel (2 x arb)

Mit der Häkelnd 3,5 mm und Fb B 21 Lm anschl.
1. Reihe: Je 1 fM in die 2. Lm von der Häkelnd aus und in jede folg Lm bis R-Ende; wenden (= 20 M).
2. Reihe: 1 Lm, 1 fM in jede M bis R-Ende; wenden.
3. und 4. Reihe: Zu Fb A wechseln; wie die 2. R häkeln.
5. und 6. Reihe: Zu Fb B wechseln; wie die 2. R häkeln.
7. Reihe: Zu Fb A wechseln; je 1 Km in die ersten 3 M, [1 Km, 1 Lm, 1 fM] in die nächste M, 13 fM; wenden (= 14 M).
8. Reihe: 1 Lm, 1 M übergehen, 1 fM in jede M bis zu den letzten 2 M, 1 M übergehen, 1 fM in die letzte M; wenden (= 12 M).
9. Reihe: Zu Fb B wechseln; 1 Lm, 1 M übergehen, 1 fM in jede M bis zu den letzten 2 M, 1 M übergehen, 1 fM in die letzte M; wenden (= 10 M).
10. Reihe: 1 Lm, 1 M übergehen, 1 fM in jede M bis zu den letzten 2 M, 1 M übergehen, 1 fM in die letzte M; wenden (= 8 M).
11. Reihe: Zu Fb A wechseln; 1 Lm, 1 M übergehen, 1 fM in jede M bis zu den letzten 2 M, 1 M übergehen, 1 fM in die letzte M; wenden (= 6 M).
12. Reihe: 1 Lm, 1 M übergehen, 1 fM in jede M bis zu den letzten 2 M, 1 M übergehen, 1 fM in die letzte M; wenden (= 4 M).
13. Reihe: Zu Fb B wechseln; 1 Lm, 1 fM in jede M bis R-Ende; wenden.
Den Faden abschneiden und sichern. Die Fadenenden vernähen.

Fertigstellung

Von der rechten Seite der Arbeit aus Vorder- und Rückenteil nur mit jeweils 1 Stich rechts und links vom Halsausschnitt verbinden. Die Raglanärmel an Vorder- und Rückenteil nähen. Die Seiten- und die Ärmelnähte schließen. Achten Sie dabei stets darauf, dass die Streifen zu beiden Seiten der Nähte übereinstimmen.

Rogers Shorts

Material und Zubehör

- Scheepjes Merino Soft (50 % Superwash-Merinowolle, 25 % Polyacryl, 25 % Mikrofaser; LL 105 m/50 g): 50 g in Raphael (Fb 602)
- Häkelnadel 3,5 mm
- Wollnadel

Mit der Häkelnd 3,5 mm 28 Lm anschl und mit 1 Km zum Ring schließen. In Spiralrd weiterhäkeln.

1. Hosenbein

1. Runde: 1 Lm, 1 fM in jede Lm (= 28 M).
2.–8. Runde: 7 Rd fM arb.
Den Faden abschneiden und sichern.

2. Hosenbein

Wie das 1. Hosenbein häkeln, jedoch den Faden nicht abschneiden. Den Rd-Beginn markieren.
9. Runde: Die beiden Hosenbeine verbinden. Dazu je 1 fM in die 28 M des 1. Hosenbeins und anschließend in die 28 M des 2. Hosenbeins häkeln (= 56 M).
10.–12. Runde: 3 Rd fM arb.
13. Runde: 1 fM in jede M der Vorrd bis 2 M vor MM, 2 Lm, MM einhängen, 2 M übergehen.
14. Runde: 2 Lm, 2 M übergehen (= insgesamt 4 M übergangen), 1 fM in die nächste M, 9 fM, 2 fM zus abm, 4 x [8 fM, 2 fM zus abm], je 1 fM in die nächsten 2 Lm (= 51 M).
15. Runde: Je 1 fM in die nächsten 2 Lm und in jede folg M bis Rd-Ende.
16.–18. Runde: 3 Rd fM häkeln.
19. Runde: 1 fM, 5 x [8 fM, 2 fM zus abm] (= 46 M).
20.–23. Runde: 4 Rd fM arb.
1 Rd fM in die hMg arb.
Den Faden abschneiden und sichern. Die Fadenenden vernähen.

Rogers Jacke

Material und Zubehör

- Scheepjes Merino Soft (50 % Superwash-Merinowolle, 25 % Polyacryl, 25 % Mikrofaser; LL 105 m/50 g): je 50 g in A Millais (Fb 631) und B Rothko (Fb 623)
- Häkelnadel 3,5 mm
- Wollnadel

Hinweis: Vorderteile und Rückenteil dieser Jacke werden in Hin- und Rückr von oben nach unten gearbeitet. Anschließend werden die Ärmel in Spiralrd angehäkelt.

Vorderteile und Rückenteil

In Hin- und Rückr häkeln.
Mit der Häkelnd 3,5 mm und Fb A 41 Lm anschl.
1. Reihe: Je 1 fM in die 2. Lm von der Häkelnd aus und in jede folg Lm bis R-Ende; wenden (= 40 M).
2. Reihe: 1 Lm, 5 x [7 fM, 1 fM verd]; wenden (= 45 M).
3. Reihe: 1 Lm, 5 x [8 fM, 1 fM verd]; wenden (= 50 M).
4. Reihe: 1 Lm, 5 x [9 fM, 1 fM verd]; wenden (= 55 M).
5. Reihe: 1 Lm, 5 x [10 fM, 1 fM verd]; wenden (= 60 M).
6. Reihe: 1 Lm, 5 x [11 fM, 1 fM verd]; wenden (= 65 M).

Armausschnitte:
7. Reihe: 1 Lm, 13 fM, 10 Lm, 10 fM übergehen, 19 fM, 10 Lm, 10 fM übergehen, 13 fM; wenden (= 65 M).
8. Reihe: 1 fM in jede M und jede Lm arb; wenden (= 65 M).
9.–25. Reihe: 17 R fM häkeln.
Den Faden abschneiden und sichern. Die Fadenenden vernähen.

Ärmel (2 x arb)

In Rd an die Armausschnitte von Vorderteilen und Rückenteil anhäkeln, dabei in der 1. Rd unter den Lm am Rand der Armausschnitte einstechen.
1. Runde: Von der rechten Seite der Arbeit mit der Häkelnd 3,5 mm und Fb A 22 fM in die Armausschnitte arb (jeweils 10 M in die Lm-Bg entlang jeder Kante und jeweils 1 M an den R-Enden).
2.–8. Runde: 7 Rd fM arb (= 22 M je Rd).
9. Runde: 4 x [4 fM, 1 fM verd], 2 fM (= 26 M).
10.–17. Runde: 8 Rd fM häkeln.
18. Runde: Zu Fb B wechseln; 1 Km in jede M der Vorrd häkeln (= 26 M).
Den Faden abschneiden und sichern. Die Fadenenden vernähen.

Umrandung

Mit der Häkelnd 3,5 mm und Fb B die Unterkante, die Vorderkanten und den Halsausschnitt mit Krebsm behäkeln (siehe Seite 116).
Den Faden abschneiden und sichern. Die Fadenenden vernähen.

Halsausschnittblende:
Von der linken Seite der Arbeit den Faden in Fb B am Halsausschnitt anschlingen; 1 Lm, 1 fM in jede M der Halsausschnittkante häkeln.
Den Faden abschneiden und sichern. Die Fadenenden vernähen.

Ärmelblenden:
Die Ärmelkanten mit jeweils 1 Rd Km in Fb B behäkeln.

Stern

Mit der Häkelnd 3,5 mm und Fb B einen Fadenring arb.
1. Runde: 1 Lm, 5 fM in den Fadenring, die Rd mit 1 Km schließen.
2. Reihe: * 4 Lm, 1 Km in die 2. Lm von der Häkelnd aus, 1 fM in die nächste Lm, 1 hStb in die letzte Lm, 1 Km in die nächste fM; ab * fortlfd wdh (= 5 Zacken).
Den Faden abschneiden und sichern. Die Fadenenden vernähen. Den Stern fest auf das linke Vorderteil der Jacke nähen.

Rogers Turnschuhe

Material und Zubehör

- Scheepjes Merino Soft (50 % extrafeine Merinowolle mit Superwash-Ausrüstung, 25 % Mikrofaser, 25 % Polyacryl; LL 105 m/50 g): Reste in A Rothko (Fb 623) und B Raphael (Fb 602)
- Häkelnadel 3,5 mm
- Wollnadel

Turnschuh (2 x arb)

Mit der Häkelnd 3,5 mm und Fb B 8 Lm anschl und um diese zentrale Lm-Kette herum arb, sodass eine ovale Sohle entsteht. In fortlfd Spiralrd häkeln.
1. Runde: 1 fM in die 2. Lm von der Häkelnd aus, je 1 fM in die nächsten 6 fM, 2 Lm, je 1 fM in jede Lm auf der anderen Seite der Lm-Kette, 2 Lm.
2. Runde: 7 fM, 3 fM in den Lm-Bg, 7 fM, 3 fM in den Lm-Bg (= 20 M).
3. Runde: 7 fM, je 2 fM in jede der 3 End-fM, 7 fM, je 2 fM in jede der 3 End-fM (= 26 M).
4. Runde: 1 fM ins hMg jeder fM der Vorrd.
Zu Fb A wechseln.
5.–7. Runde: 3 Rd fM häkeln.
8. Runde: 8 fM, 3 x 2 fM zus abm, 12 fM (= 23 M).
9. Runde: 8 fM, 3 fM zus abm, 10 fM, 2 fM zus abm (= 20 M).
10. Runde: 1 Km in jede M der Vorrd häkeln.
Den Faden abschneiden und sichern. Die Fadenenden vernähen.

Ein kurzes Fadenstück in Fb B zu einer kleinen Schleife binden und diese fest auf die Vorderseite des Turnschuhs nähen. Mit einem weiteren Rest in Fb B einen kleinen Kreuzstich für die Schnürung unterhalb der Schleife aufsticken.

Adas Kleid

Material und Zubehör

- Scheepjes Merino Soft (50 % Superwash-Merinowolle, 25 % Polyacryl, 25 % Mikrofaser; LL 105 m/50 g): je 50 g in A Raphael (Fb 602) und B Picasso (Fb 621)
- Häkelnadel 3,5 mm
- Wollnadel
- 2 Knöpfe, Ø 10 mm

Hinweis: Für das Kleid werden zunächst 2 Granny-Squares als Vorder- und Rückenteil gehäkelt. Dann werden diese beiden Latzteile verbunden, und man häkelt den Rock von oben nach unten in Spiralrd an.

Granny-Square-Latz (2 x arb)

Mit der Häkelnd 3,5 mm und Fb B 4 Lm anschl und mit 1 Km in die 1. Lm zum Ring schließen.

1. Runde: 3 Lm, 2 Stb in den Lm-Ring, 3 Lm, * 3 Stb in den Ring, 3 Lm; ab * noch 2 x wdh, die Rd mit 1 Km in die oberste der 3 Anfangs-Lm schließen (= 4 Gruppen à 3 Stb).

2. Runde: Zu Fb A wechseln; den Faden an einem 3-Lm-Bg anschlingen, 3 Lm, [2 Stb, 3 Lm, 3 Stb, 1 Lm] in den Lm-Bg, * [3 Stb, 3 Lm, 3 Stb, 1 Lm] in den nächsten Lm-Bg; ab * noch 2 x wdh, die Rd mit 1 Km in die oberste der 3 Anfangs-Lm schließen (= 8 Gruppen à 3 Stb).

3. Runde: Zu Fb B wechseln; den Faden an einem 3-Lm-Bg anschlingen, 3 Lm, [2 Stb, 3 Lm, 3 Stb, 1 Lm] in den Lm-Bg, * [3 Stb, 3 Lm, 3 Stb, 1 Lm] in den nächsten Lm-Bg, [3 Stb, 1 Lm] in den nächsten Lm-Bg; ab * noch 2 x wdh, die Rd mit 1 Km in die oberste der 3 Anfangs-Lm schließen (= 12 Gruppen à 3 Stb).

4. Runde: Zu Fb A wechseln; den Faden an einem 3-Lm-Bg anschlingen, [1 fM, 1 Lm, 1 fM] in den Lm-Bg, dann 1 fM in jedes Stb und jeden Lm-Bg der Vorrd und [1 fM, 1 Lm, 1 fM] in jeden 3-Lm-Bg an den Ecken, die Rd mit 1 Km schließen.

Am Ende des 1. Quadrats den Faden abschneiden und sichern. Das 2. Quadrat genauso häkeln, aber am Ende den Faden nicht abschneiden.

Rock

5. Runde: 8 Lm, 14 fM über eine Seite der letzten R des 1. Granny-Squares, 8 Lm, 14 fM über eine Seite des 2. Granny-Squares (= 44 M).

In fortlfd Spiralrd weiterhäkeln wie folgt:

6. Runde: 8 x [4 fM, 1 fM verd], 4 fM (= 52 M).

7. Runde: 8 x [5 fM, 1 fM verd], 4 fM (= 60 M).

8. Runde: 8 x [6 fM, 1 fM verd], 4 fM (= 68 M).

9.–22. Runde: 14 Rd fM häkeln.

23. Runde: Zu Fb B wechseln; 1 Km ins hMg jeder M der Vorrd häkeln.

Den Faden abschneiden und sichern. Die Fadenenden vernähen.

Die beiden kleinen Knöpfe auf die oberen Ecken des vorderen Latzes nähen.

Knopfschlaufe (2 x arb)

Mit der Häkelnd 3,5 mm und Fb A 8 Lm anschl.

1. Reihe: Je 1 hStb in die 3. Lm von der Häkelnd aus und in jede folg Lm bis R-Ende.

Den Faden abschneiden und sichern. Die Fadenenden vernähen.

Fertigstellung

Das eine Ende jedes Trägers an eine Ecke des Rückenteils nähen und das andere am Vorderteil anknöpfen.

Adas Jacke

Material und Zubehör

- Scheepjes Merino Soft (50 % Superwash-Merinowolle, 25 % Polyacryl, 25 % Mikrofaser; LL 105 m/50 g): 50 g in A Raphael (Fb 602) sowie Reste in B Picasso (Fb 621), C Dürer (Fb 644), D Kahlo (Fb 626) und E Mondrian (Fb 611)
- Häkelnadel 3,5 mm
- Wollnadel
- 4 Knöpfe, Ø 7 mm (z.B. in Sternform)

Hinweis: Vorderteile und Rückenteil dieser Jacke werden von oben nach unten in Hin- und Rückr gearbeitet. Anschließend werden die Ärmel in Spiralrd angehäkelt.

Vorderteile und Rückenteil

In Hin- und Rückr häkeln.

Mit der Häkelnd 3,5 mm und Fb A 36 Lm anschl.

1. Reihe: Je 1 fM in die 2. Lm von der Häkelnd aus und in jede folg Lm bis R-Ende; wenden (= 35 M).

2. Reihe: Zu Fb B wechseln; 1 Lm, 1 fM, 2 Lm, 2 fM übergehen, 3 fM, 1 fM verd, 4 x [6 fM, 1 fM verd]; wenden (= 40 M).

3. Reihe: Zu Fb C wechseln; 1 Lm, 4 x [7 fM, 1 fM verd], 5 fM, 2 fM in den Lm-Bg, 1 fM verd; wenden (= 45 M).

4. Reihe: Zu Fb D wechseln; 1 Lm, 5 x [8 fM, 1 fM verd]; wenden (= 50 M).

5. Reihe: Zu Fb E wechseln; 1 Lm, 5 x [9 fM, 1 fM verd]; wenden (= 55 M).

6. Reihe: Zu Fb A wechseln; 1 Lm, 5 x [10 fM, 1 fM verd]; wenden (= 60 M).

7. Reihe: 1 Lm, 5 x [11 fM, 1 fM verd]; wenden (= 65 M).

Armausschnitte und Knopfloch-R:

8. Reihe: 1 Lm, 1 fM, 2 Lm, 2 fM übergehen, 10 fM, 10 Lm, 10 fM übergehen, 19 fM, 10 Lm, 10 fM übergehen, 13 fM; wenden (= 65 M).

9. Reihe: 1 fM in jede M und jede Lm arb; wenden (= 65 M).

10.–13. Reihe: 4 R fM häkeln.

14. Reihe: 1 Lm, 1 fM, 2 Lm, 2 fM übergehen, fM häkeln bis R-Ende; wenden (= 65 M).

15. Reihe: 1 fM in jede M und jede Lm arb; wenden (= 65 M).

16.–19. Reihe: 4 R fM häkeln.

20. Reihe: 1 Lm, 1 fM, 2 Lm, 2 fM übergehen, fM häkeln bis R-Ende; wenden (= 65 M).

21. Reihe: 1 fM in jede M und jede Lm arb; wenden (= 65 M).

22. und 23. Reihe: 2 R fM häkeln. Die Arbeit nicht wenden.

24. Reihe: Den Faden in Fb B an der äußersten rechten M anschlingen, 1 Km ins hMg jeder M häkeln bis R-Ende.

Den Faden abschneiden und sichern. Die Fadenenden vernähen.

Ärmel (2 x arb)

In Rd an die Armausschnitte von Vorderteilen und Rückenteil anhäkeln, dabei in der

1. Rd unter den Lm am Rand der Armausschnitte einstechen.
1. Runde: Von der rechten Seite der Arbeit mit der Häkelnd 3,5 mm und Fb A 22 fM in die Armausschnitte arb (jeweils 10 M in die Lm-Bg entlang jeder Kante und jeweils 1 M an den R-Enden).
2.–8. Runde: 7 Rd fM arb (= 22 M je Rd).
9. Runde: 4 x [4 fM, 1 fM verd], 2 fM (= 26 M).
10.–18. Runde: 9 Rd fM häkeln.
Den Faden abschneiden und sichern. Die Fadenenden vernähen.
Die 4 Knöpfe passend zu den Knopflöchern annähen.

Adas Schuhe (2 x arb)

Material und Zubehör

- Scheepjes Merino Soft (50 % Superwash-Merinowolle, 25 % Polyacryl, 25 % Mikrofaser; LL 105 m/50 g): Rest in Picasso (Fb 621)
- Häkelnadel 3,5 mm
- Wollnadel
- 50 cm Band in Wollweiß, 3 mm breit
- Schere

Mit der Häkelnd 3,5 mm 8 Lm anschl. Rund um diese zentrale Lm-Kette häkeln, sodass eine ovale Fußsohle entsteht. In Spiralrd häkeln und die letzte M der Rd markieren.
1. Runde: 1 fM in die 2. Lm von der Häkelnd aus, je 1 fM in die nächsten 6 fM, 2 Lm, je 1 fM in jede Lm auf der anderen Seite der Lm-Kette, 2 Lm (= 18 M).
2. Runde: 7 fM, 3 fM in den Lm-Bg, 7 fM, 3 fM in den Lm-Bg (= 20 M).
3. Runde: 7 fM, je 2 fM in jede der 3 End-fM, 7 fM, je 2 fM in jede der 3 End-fM (= 26 M).
4. Runde: 1 fM ins hMg jeder fM der Vorrd.
5.–7. Runde: 3 Rd fM häkeln.
8. Runde: 8 fM, 3 x 2 fM zus abm, 12 fM (= 23 M).
9. Runde: 8 fM, 3 fM zus abm, 10 fM, 2 fM zus abm (= 20 M).
Den Faden abschneiden und sichern. Die Fadenenden vernähen.
Das Band in 2 gleich lange Teile schneiden. Mit einer Wollnd jeweils 1 Bandstück mit großen Stichen durch die M an der Oberkante des Schuhs führen und an der Vorderseite zur Schleife binden.

Adas Schottenmütze

Material und Zubehör

- Scheepjes Merino Soft (50 % extrafeine Merinowolle mit Superwash-Ausrüstung, 25 % Mikrofaser, 25 % Polyacryl; LL 105 m/50 g): Reste in A Picasso (Fb 621) und B Kahlo (Fb 626)
- Häkelnadel 3,5 mm
- Wollnadel

Mit der Häkelnd 3,5 mm und Fb A 4 Lm anschl und mit 1 Km in die 1. Lm zum Ring schließen.
1. Runde: 3 Lm, 11 Stb in den Lm-Ring, die Rd mit 1 Km in die oberste der 3 Anfangs-Lm schließen (= 12 M).
2. Runde: 3 Lm (zählt als 1 Stb), 1 Stb in dieselbe M, je 2 Stb in die nächste M und jede folg M bis Rd-Ende, die Rd mit 1 Km in die oberste der 3 Anfangs-Lm schließen (= 24 M).
3. Runde: 3 Lm (zählt als 1 Stb), 1 Stb in dieselbe M, 1 Stb in die nächste M, * 2 Stb in die nächste M, 1 Stb in die folg M; ab * noch 10 x wdh, die Rd mit 1 Km in die oberste der 3 Anfangs-Lm schließen (= 36 M).
4. Runde: 3 Lm (zählt als 1 Stb), 1 Stb in dieselbe M, je 1 Stb in die nächsten 2 M, * 2 Stb in die nächste M, je 1 Stb in die nächsten 2 M; ab * noch 10 x wdh, die Rd mit 1 Km in die oberste der 3 Anfangs-Lm schließen (= 48 M).
5.–7. Runde: 1 Lm, 1 fM in jede M bis Rd-Ende, 1 Km in die 1. Lm (= 48 M).
8. Runde: 3 Lm (zählt als 1 Stb), 1 Stb, 2 Stb zus abm, * 2 Stb, 2 Stb zus abm; ab * noch 10 x wdh, die Rd mit 1 Km in die oberste der 3 Anfangs-Lm schließen (= 36 M).

Umrandung

9. Runde: 1 Lm, 1 fM in jede M bis Rd-Ende, 1 Km in die 1. Lm (= 36 M).
10. Runde: 1 Lm, 15 fM, 6 Lm, 6 M übergehen, 15 fM, 1 Km in die 1. Lm.
11. Runde: 1 Lm, 1 fM in jede M bis R-Ende, 1 Km in die 1. Lm (= 36 M).
Den Faden abschneiden und sichern. Die Fadenenden vernähen.
In Fb B einen Pompon mit einem Durchmesser von 2,5 cm arb (siehe Seite 120) und fest in der Mitte der Mütze annähen.

Egal, ob sie in einem Ballsaal tanzt oder früh zu Bett geht – Barbara möchte immer so gut wie irgend möglich aussehen. Außerdem bäckt sie für ihr Leben gern und ist berühmt für ihren flaumigen Biskuit.

Barbara

Cyril

Cyril ist eine joviale Seele. Er und Barbara lieben es, jede Woche zum Tanzen zu gehen. Wenn er nicht gerade seine Foxtrott-Schritte übt, trifft man Cyril im Garten, wo er sich um seine Pflanzen kümmert und ein Schwätzchen mit ihnen hält.

Barbara & Cyril

Die Elefanten

Barbaras entzückendes Nachthemd wird teils in Reihen, teils in Runden gehäkelt. Wer mag, verziert es zusätzlich mit einem hübschen Band. Cyrils Pyjama wird in Reihen gearbeitet und bekommt anschließend sein Streifenmuster durch aufgehäkelte Kettmaschen.

Material und Zubehör

- Rowan Baby Cashsoft Merino (57 % Wolle, 33 % Polyacryl, 10 % Kaschmir; LL 130 m/50 g):

Für Barbara

A 100 g in Taupe (Fb 104)
B 50 g in Lavender (Fb 114) für die Unterhose

Für Cyril

A 100 g in Taupe (Fb 104)
B 50 g in Sea Green (Fb 108) für die Unterhose

- Häkelnadel 3,5 mm
- Sicherheitsnadel
- Wollnadel
- Kunstfaser-Füllwatte
- Sicherheitsaugen
- Baumwollsticktwist in Schwarz

Größe

Die Elefanten sind 30 cm groß.

Ohren (2 x arb)

Mit der Häkelnd 3,5 mm und Fb A einen Fadenring arb (siehe Seite 112).
1. Runde: 1 Lm, 5 fM in den Fadenring (= 5 M).
2. Runde: 2 fM in jede M (= 10 M).
3. Runde: 5 x [1 fM, 1 fM verd] (= 15 M).
4. Runde: 5 x [2 fM, 1 fM verd] (= 20 M).
5. Runde: 5 x [3 fM, 1 fM verd] (= 25 M).
6. Runde: 5 x [4 fM, 1 fM verd] (= 30 M).
7.–10 Runde: 1 fM in jede M der Vorrd arb.
11. Runde: 5 x [4 fM, 2 fM zus abm] (= 25 M).
12. Runde: 5 x [3 fM, 2 fM zus abm] (= 20 M).
13. Runde: 5 x [2 fM, 2 fM zus abm] (= 15 M).
14. Runde: 1 fM in jede M der Vorrd arb.
Den Faden bis auf ein 20 cm langes Fadenende abschneiden und sichern. Das Ohr flach drücken. Beide Lagen mit dem Fadenende zusammennähen.

Kopf

Mit der Häkelnd 3,5 mm und Fb A einen Fadenring arb.
1. Runde: 1 Lm, 8 fM in den Fadenring (= 8 M).
2. Runde: 4 x [1 fM, 1 fM verd] (= 12 M).
3.–14. Runde: 12 Rd fM häkeln.
15. Runde: 4 x [2 fM, 1 fM verd] (= 16 M).
16.–19. Runde: 4 Rd fM häkeln.
20. Runde: 4 x [3 fM, 1 fM verd] (= 20 M).
21. Runde: 4 x [4 fM, 1 fM verd] (= 24 M).
22. Runde: 4 x [5 fM, 1 fM verd] (= 28 M).
23. Runde: 4 x [6 fM, 1 fM verd] (= 32 M).
24. Runde: 4 x [7 fM, 1 fM verd] (= 36 M).
25. Runde: 4 x [8 fM, 1 fM verd] (= 40 M).
26. Runde: 4 x [9 fM, 1 fM verd] (= 44 M).
27. Runde: 4 x [10 fM, 1 fM verd] (= 48 M).
28.–33. Runde: 6 Rd fM häkeln.
Schlitze für die Ohren arb wie folgt:
34. Runde: 17 fM, 6 Lm, 6 M übergehen, 18 fM, 6 Lm, 6 M übergehen, 1 fM.
35. Runde: 1 fM in jede fM und jede Lm.
36. Runde: 1 Rd fM häkeln.
37. Runde: 6 x [6 fM, 2 fM zus abm] (= 42 M).
38. Runde: 6 x [5 fM, 2 fM zus abm] (= 36 M).
39. Runde: 6 x [4 fM, 2 fM zus abm] (= 30 M).
40. Runde: 6 x [3 fM, 2 fM zus abm] (= 24 M).
An diesem Punkt erst einmal pausieren und die Arbeitsschlinge auf einer Sicherheitsnd stilllegen. Die Sicherheitsaugen gemäß den Fotos einsetzen. Dann die Ohren mit der Unterkante in die Schlitze schieben und fest annähen. Den Kopf fest mit Füllwatte ausstopfen. Die Arbeitsschlinge wieder auf die Häkelnd nehmen und weiter M abn wie folgt:
41. Runde: 6 x [2 fM, 2 fM zus abm] (= 18 M).
42. Runde: 6 x [1 fM, 2 fM zus abm] (= 12 M).
43. Runde: Fortlfd 2 fM zus abm bis Rd-Ende (= 6 M).
Den Faden abschneiden und sichern. Den Kopf vollends mit Füllwatte ausstopfen. Die letzten 6 M mit dem Fadenende zusammenziehen und das Fadenende vernähen. An den Außenseiten von Barbaras Augen Wimpern mit schwarzem Baumwollsticktwist aufsticken.

Arme (2 x arb)

Mit der Häkelnd 3,5 mm und Fb A 12 Lm anschl und mit 1 Km zum Ring schließen.
1. Runde: 1 Lm, 1 fM in die 1. Lm, je 1 fM in jede Lm bis Rd-Ende (= 12 M).
2. Runde: 4 x [2 fM, 1 fM verd] (= 16 M).
3. Runde: 4 x [3 fM, 1 fM verd] (= 20 M).
4.–12. Runde: 9 Rd fM häkeln.
13. Runde: 4 x [3 fM, 2 fM zus abm] (= 16 M).
14.–20. Runde: 7 Rd fM häkeln.
21. Runde: 4 x [2 fM, 2 fM zus abm] (= 12 M).
22.–24. Runde: 3 Rd fM häkeln.
25. Runde: 2 x [4 fM, 2 fM zus abm] (= 10 M).
26. Runde: 1 Rd fM häkeln.
Den Faden abschneiden und sichern. Den Arm mittig zusammenlegen und die Anfangs-Lm für den Vorderfuß zusammennähen. Beide Arme mit Füllwatte ausstopfen.

Füße und Beine (2 x arb)

Mit der Häkelnd 3,5 mm und Fb A 8 Lm anschl. Rund um diese zentrale Lm-Kette häkeln, sodass eine ovale Fußsohle entsteht. In fortlfd Spiralrd häkeln und die letzte M der Rd markieren.
1. Runde: 1 fM in die 2. Lm von der Häkelnd aus, je 1 fM in die nächsten 6 fM, 2 Lm, je 1 fM in jede Lm auf der anderen Seite der Lm-Kette, 2 Lm (= 18 M).
2. Runde: 7 fM, 3 fM in den Lm-Bg, 7 fM, 3 fM in den Lm-Bg (= 20 M).
3. Runde: 7 fM, je 2 fM in jede der 3 End-fM, 7 fM, je 2 fM in jede der 3 End-fM (= 26 M).
4. Runde: 1 fM ins hMg jeder fM der Vorrd.
5.–7. Runde: 3 Rd fM häkeln.
8. Runde: 8 fM, 3 x 2 fM zus abm, 12 fM (= 23 M).
9. Runde: 8 fM, 3 fM zus abm, 10 fM, 2 fM zus abm (= 20 M).
10.–27. Runde: 18 Rd fM häkeln.
Den Faden bis auf ein 20 cm langes Fadenende abschneiden und sichern. Beide Füße und Beine fest mit Füllwatte ausstopfen. Das obere Ende jedes Beins quer zusammenlegen und über die M an der Oberkante der Beine den Körper anhäkeln.

Körper

Den Faden in Fb B (= Fb der Unterhose) an der Rückseite des linken Beins anschlingen. 20 fM arb, dann über die M des rechten Beins 20 fM arb (= 40 M insgesamt). In Spiralrd weiterhäkeln wie folgt:
1. Runde: 1 Rd fM häkeln (= 40 M).
2. Runde: 4 x [9 fM, 1 fM verd] (= 44 M).
3. Runde: 1 Rd fM häkeln.
4. Runde: 4 x [10 fM, 1 fM verd] (= 48 M).
5.–8. Runde: 4 Rd fM häkeln.
Zu Fb A wechseln.
9. und 10. Runde: 2 Rd fM häkeln.
11. Runde: 4 x [10 fM, 2 fM zus abm] (= 44 M).
12.–15. Runde: 4 Rd fM häkeln.
16. Runde: 4 x [9 fM, 2 fM zus abm] (= 40 M).
17.–20. Runde: 4 Rd fM häkeln.
21. Runde: 4 x [8 fM, 2 fM zus abm] (= 36 M).
22.–25. Runde: 4 Rd fM häkeln.
26. Runde: 4 x [7 fM, 2 fM zus abm] (= 32 M).
In der nächsten Rd die Arme anhäkeln; dazu in die M an der Oberkante der Arme einstechen. Die Arme seitlich am Körper platzieren und feststecken.
27. Runde: 1 fM in jede M bis zum 1. Arm, den 1. Arm mittig zusammenlegen, * je 1 fM in die nächsten 5 fM durch beide Lagen des Arms und die entsprechenden fM des Körpers hindurch *, je 1 fM in jede M der Körper-Vorderseite bis zum nächsten Arm, von * bis * beim anderen Arm wdh, 1 fM in jede fM des Körpers bis Rd-Ende (= 32 M).
28. Runde: 1 Rd fM häkeln.
Den Faden bis auf ein 20 cm langes Fadenende abschneiden und sichern.
Mit einer Wollnd das Fadenende durch die fM der letzten Rd führen und die Halsöffnung auf einen Durchmesser von 10 cm leicht zusammenziehen.
Füße, Beine und Körper fest mit Füllwatte ausstopfen. Den Kopf fest auf die Halsöffnung des Körpers nähen.

Schwanz

Mit der Häkelnd 3,5 mm und Fb A 13 Lm anschl.
1. Runde: 1 fM in die 2. Lm von der Häkelnd aus, fM häkeln bis Rd-Ende (= 12 M).
Den Faden bis auf ein langes Fadenende abschneiden. Das Fadenende bei der letzten Lm verknoten und danach abschneiden, sodass eine kleine Quaste entsteht. Den Schwanz fest am Hinterteil des Elefanten annähen.

Kleidung für die Elefanten

Cyrils Schlafanzug-jacke

Material und Zubehör

- Rowan Baby Cashsoft Merino (57 % Wolle, 33 % Polyacryl, 10 % Kaschmir; LL 130 m/50 g): je 50 g in A Heavenly (Fb 111) und B Snowflake (Fb 101)
- Häkelnadel 3,5 mm
- Wollnadel
- 3 Knöpfe, ∅ 10 mm

Hinweis: Das Oberteil wird in Blau quer in Hin- und Rückr gehäkelt. Anschließend werden Km in Wollweiß für die Streifen aufgehäkelt. Außerdem hat die Schlafanzugjacke einen blauen Kragen.

Rückenteil

Mit der Häkelnd 3,5 mm und Fb A 12 Lm anschl.
1. Reihe: Je 1 fM in die 2. Lm von der Häkelnd aus und in jede folg Lm bis R-Ende; wenden (= 11 M).
2. und 3. Reihe: 1 Lm, 1 fM in jede M bis R-Ende; wenden.
4. Reihe: 11 Lm, je 1 fM in die 2. Lm von der Häkelnd aus und in jede folg Lm bis R-Ende; wenden (= 21 M).
5.–22. Reihe: 1 Lm, 1 fM in jede M bis R-Ende; wenden.
23. Reihe: 1 Lm, 11 fM; wenden (= 11 M).
24. und 25. Reihe: 1 Lm, 1 fM in jede M bis R-Ende; wenden.
Den Faden abschneiden und sichern. Die Fadenenden vernähen.

Streifen (5 x arb)

In Fb B jeweils 1 R Km zwischen den folg R aufhäkeln: 5–6, 9–10, 13–14, 17–18, 21–22.
Den Faden abschneiden und sichern. Die Fadenenden vernähen.

Rechtes Vorderteil

Mit der Häkelnd 3,5 mm und Fb A 12 Lm anschl.
1. Reihe: Je 1 fM in die 2. Lm von der Häkelnd aus und in jede folg Lm bis R-Ende; wenden (= 11 M).
2. und 3. Reihe: 1 Lm, 1 fM in jede M bis R-Ende; wenden.
4. Reihe: 11 Lm, je 1 fM in die 2. Lm von der Häkelnd aus und in jede folg Lm bis R-Ende; wenden (= 21 M).
5.–8. Reihe: 1 Lm, 1 fM in jede M bis R-Ende; wenden.
9. Reihe: 1 Lm, 18 fM; wenden (= 18 M).
10. Reihe: 1 Lm, 1 M übergehen, 17 fM; wenden (= 17 M).
11. Reihe: 1 Lm, 15 fM, 1 M übergehen, 1 fM; wenden (= 16 M).
12.–15. Reihe: 1 Lm, 1 fM in jede M bis R-Ende; wenden (= 16 M).
Den Faden abschneiden und sichern. Die Fadenenden vernähen.

Streifen (3 x arb)

In Fb B jeweils 1 R Km zwischen den folg R aufhäkeln: 3–4, 7–8, 11–12.
Den Faden abschneiden und sichern. Die Fadenenden vernähen.

Linkes Vorderteil

Bis zum Ende der 13. R wie das rechte Vorderteil arb.
14. Reihe: 1 Lm, 5 fM, 2 x [1 Lm, 1 M übergehen, 3 fM], 1 Lm, 1 M übergehen, 2 fM; wenden (= 16 M).
15. Reihe: 1 Lm, 1 fM in jede M bis R-Ende; wenden (= 16 M).
Den Faden abschneiden und sichern. Die Fadenenden vernähen.

Streifen (3 x arb)

In Fb B jeweils 1 R Km zwischen den folg R aufhäkeln: 4–5, 8–9, 12–13.
Den Faden abschneiden und sichern. Die Fadenenden vernähen.

Ärmel (2 x arb)

Mit der Häkelnd 3,5 mm und Fb A 17 Lm anschl.
1. Reihe: Je 1 fM in die 2. Lm von der Häkelnd aus und in jede folg Lm bis R-Ende; wenden (= 16 M).
2.–24. Reihe: 1 Lm, 1 fM in jede M bis R-Ende; wenden.
Den Faden abschneiden und sichern. Die Fadenenden vernähen.

Streifen (6 x arb)

In Fb B jeweils 1 R Km zwischen den folg R aufhäkeln: 2–3, 6–7, 10–11, 14–15, 18–19, 22–23.
Den Faden abschneiden und sichern. Die Fadenenden vernähen.

Kragen

Mit der Häkelnd 3,5 mm und Fb A 40 Lm anschl.
1. Reihe: 4 Stb in die 3. Lm von der Häkelnd aus, 1 M übergehen, 1 fM in jede folg Lm bis zu den letzten 4 M, 1 M übergehen, 4 Stb in die nächste M, 1 M übergehen, 1 Km in die letzte M (= 40 M).
Den Faden abschneiden und sichern. Die Fadenenden vernähen.

Fertigstellung

Von der rechten Seite der Arbeit aus die Schulternähte schließen. Den Kragen an die Halsausschnittkante des Oberteils nähen. Die Ärmel an Vorderteile und Rückenteil nähen. Seiten- und Ärmelnähte schließen. 3 kleine Knöpfe passend zu den Knopflöchern auf das rechte Vorderteil nähen.

Cyrils Schlafanzughose

Material und Zubehör

- Rowan Baby Cashsoft Merino (57 % Wolle, 33 % Polyacryl, 10 % Kaschmir; LL 130 m/50 g): je 50 g in A Heavenly (Fb 111) und B Snowflake (Fb 101)
- Häkelnadel 3,5 mm
- Wollnadel

Hinweis: Die Schlafanzughose wird in Blau quer in Reihen gehäkelt. Für die Streifen werden anschließend Km in Wollweiß aufgehäkelt.

Hosenbein (2 x arb)

Mit der Häkelnd 3,5 mm und Fb A 16 Lm anschl.
1. Reihe: Je 1 fM in die 2. Lm von der Häkelnd aus und in jede folg Lm bis R-Ende; wenden (= 15 M).

2. und 3. Reihe: 1 Lm, 1 fM in jede M bis R-Ende; wenden.
4. Reihe: 11 Lm, je 1 fM in die 2. Lm von der Häkelnd aus und in jede folg Lm bis R-Ende; wenden (= 25 M).
5.–30. Reihe: 1 Lm, 1 fM in jede M bis R-Ende; wenden.
31. Reihe: 1 Lm, 15 fM; wenden (= 15 M).
32. und 33. Reihe: 1 Lm, 1 fM in jede M bis R-Ende; wenden.
Den Faden abschneiden und sichern. Die Fadenenden vernähen.

Streifen (7 x arb)

In Fb B jeweils 1 R Km zwischen den folg R aufhäkeln: 3-4, 7-8, 11-12, 15-16, 19-20, 23-24, 27-28.
Den Faden abschneiden und sichern. Die Fadenenden vernähen.

Bund

Von der rechten Seite der Arbeit aus die beiden inneren Beinnähte schließen. Entscheiden Sie, welche Seite der Hose vorne und welche hinten sein soll, dann die Hosenbeine bis auf eine kleine Öffnung am Hinterteil für den Schwanz zusammennähen.
1. Runde: Den Faden in Fb A auf der hinteren Seite der Hose anschlingen, 1 Lm, gleichmäßig verteilt ca. 48 fM über die Oberkante der Hosenbeine häkeln.
2.–4. Runde: 3 Rd fM häkeln.
Den Faden abschneiden und sichern. Die Fadenenden vernähen.

Cyrils Schlafmütze

Material und Zubehör

- Rowan Baby Cashsoft Merino (57 % Wolle, 33 % Polyacryl, 10 % Kaschmir; LL 130 m/50 g): je 50 g in A Heavenly (Fb 111) und B Snowflake (Fb 101)
- Häkelnadel 3,5 mm
- Wollnadel

Hinweis: Die Schlafmütze wird in Spiralrd von oben nach unten gehäkelt. Für das Streifenmuster den Faden in der jeweils nicht verwendeten Fb auf der Innenseite der Mütze mit nach oben führen, bis er für die nächste Rd wieder gebraucht wird.

Mit der Häkelnd 3,5 mm und Fb A einen Fadenring arb.

1. Runde: 1 Lm, 4 fM in den Fadenring arb (= 4 M).
2. Runde: 2 x [1 fM, 1 fM verd] (= 6 M).
3. Runde: 2 x [2 fM, 1 fM verd] (= 8 M).
4. Runde: 2 x [3 fM, 1 fM verd] (= 10 M).
5. Runde: Zu Fb B wechseln; 2 x [4 fM, 1 fM verd] (= 12 M).
6. Runde: Zu Fb A wechseln; 2 x [5 fM, 1 fM verd] (= 14 M).
7. Runde: 2 x [6 fM, 1 fM verd] (= 16 M).
8. Runde: 2 x [7 fM, 1 fM verd] (= 18 M).
9. Runde: Zu Fb B wechseln; 2 x [8 fM, 1 fM verd] (= 20 M).
10. Runde: Zu Fb A wechseln; 2 x [9 fM, 1 fM verd] (= 22 M).
11. Runde: 2 x [10 fM, 1 fM verd] (= 24 M).
12. Runde: 2 x [11 fM, 1 fM verd] (= 26 M).
13. Runde: Zu Fb B wechseln; 2 x [12 fM, 1 fM verd] (= 28 M).
14. Runde: Zu Fb A wechseln; (13 fM, 1 fM verd] (= 30 M).
15. Runde: 2 x [14 fM, 1 fM verd] (= 32 M).
16. Runde: 2 x [15 fM, 1 fM verd] (= 34 M).
17. Runde: Zu Fb B wechseln; 2 x [16 fM, 1 fM verd] (= 36 M).
18. Runde: Zu Fb A wechseln; 2 x [17 fM, 1 fM verd] (= 38 M).
19. Runde: 2 x [18 fM, 1 fM verd] (= 40 M).
20. Runde: 2 x [19 fM, 1 fM verd] (= 42 M).
21. Runde: Zu Fb B wechseln; 2 x [20 fM, 1 fM verd] (= 44 M).
22. Runde: Zu Fb A wechseln; 2 x [21 fM, 1 fM verd] (= 46 M).
23. Runde: 2 x [22 fM, 1 fM verd] (= 48 M).
24. und 25. Runde: 2 Rd fM in die hMg der Vorrd häkeln.
Den Faden abschneiden und sichern. Die Fadenenden vernähen.
6 Fadenstücke in Fb B zu einer kleinen Quaste verknoten und diese an der Mützenspitze annähen.

Cyrils Teddybär

Material und Zubehör

- Stylecraft Classique Cotton DK (100 % Baumwolle; LL 92 m/50 g): 50 g in Toffee (Fb 3656)
- Häkelnadel 3,5 mm
- Wollnadel
- Baumwollsticktwist in Schwarz

Beine (2 x arb)

Mit der Häkelnd 3,5 mm einen Fadenring arb.
1. Runde: 1 Lm, 6 fM in den Fadenring arb (= 6 M).
2.–5. Runde: 1 fM in jede M (= 6 M).
Den Faden am Ende des 1. Beins abschneiden und sichern. Das 2. Bein genauso häkeln, aber den Faden nicht abschneiden, sondern über beide Beine in Spiralrd weiterhäkeln wie folgt:
6. Runde: 6 fM rund um das 1. Bein, 6 fM rund um das 2. Bein (= 12 M).
7.–10. Runde: 4 Rd fM häkeln.
11. Runde: 6 x 2 fM zus abm (= 6 M).
Den Faden bis auf ein langes Fadenende abschneiden und sichern.

Kopf

Mit der Häkelnd 3,5 mm einen Fadenring arb.

1. Runde: 1 Lm, 6 fM in den Fadenring arb (= 6 M).

2. Runde: 2 fM in jede M der Vorrd arb (= 12 M).

3.–5. Runde: 3 Rd fM häkeln.

6. Runde: 6 x 2 fM zus abm (= 6 M).

Den Faden bis auf ein langes Fadenende abschneiden und sichern.

Ohren (2 x arb)

Mit der Häkelnd 3,5 mm einen Fadenring arb.

1. Runde: 1 Lm, 6 fM in den Fadenring arb (= 6 M).

Den Faden bis auf ein langes Fadenende abschneiden und sichern.

Arme (2 x arb)

Mit der Häkelnd 3,5 mm einen Fadenring arb.

1. Runde: 1 Lm, 6 fM in den Fadenring arb (= 6 M).

2.–6. Runde: 1 fM in jede M (= 6 M).

Den Faden bis auf ein langes Fadenende abschneiden und sichern.

Fertigstellung

Arme und Beine des kleinen Teddys müssen nicht ausgestopft werden. Ein wenig Füllwatte zwischen den Handflächen zur Kugel rollen und in den Körper stecken. Mithilfe der Wollnd das Fadenende durch die M an der Halskante des Körpers führen und die Öffnung leicht zusammenziehen. Die Arme rechts und links am Körper annähen. Das Gesicht mit schwarzem Stickgarn auf den Kopf sticken (siehe Fotos und Seite 122). Die Ohren am Kopf annähen. Den Kopf fest mit Füllwatte ausstopfen und am Körper annähen.

Cyrils Decke

Material und Zubehör

- Rowan Baby Cashsoft Merino (57 % Wolle, 33 % Polyacryl, 10 % Kaschmir; LL 130 m/50 g): Reste in A Snowflake (Fb 101) und B Silver (Fb 106)
- Häkelnadel 3,5 mm
- Wollnadel

1. Runde: Mit der Häkelnd 3,5 mm und Fb A 6 Lm anschl und mit 1 Km zum Ring schließen.

2. Runde: 6 Lm (für das 1. Stb + 3 Lm), 3 x [3 Stb in den Lm-Ring, 3 Lm], 1 Km in die 3. der 6 Lm am Rd-Beginn. Den Faden abschneiden und sichern.

3. Runde: Den Faden in Fb B mit 1 Km an einem Eck-Lm-Bg anschlingen, 6 Lm (für das 1. Stb + 3 Lm), 3 Stb in denselben Lm-Bg, * 1 Lm, 3 Stb übergehen, [3 Stb, 3 Lm, 3 Stb] in den nächsten Lm-Bg; ab * noch 2 x wdh, 1 Lm, 3 Stb übergehen, 2 Stb in den nächsten Lm-Bg, 1 Km in die 3. der 6 Lm am Rd-Beginn. Den Faden abschneiden und sichern.

4. Runde: Den Faden in Fb A mit 1 Km an einem Eck-Lm-Bg anschlingen, 6 Lm (für das 1. Stb + 3 Lm), 3 Stb in denselben Lm-Bg, * 1 Lm, 3 Stb übergehen, 3 Stb in den nächsten Lm-Bg, 1 Lm, 3 Stb übergehen, [3 Stb, 3 Lm, 3 Stb] in den nächsten Lm-Bg; ab * noch 2 x wdh, 1 Lm, 3 Stb übergehen, 3 Stb in den nächsten Lm-Bg, 1 Lm, 3 Stb übergehen, 2 Stb in den nächsten Lm-Bg, 1 Km in die 3. der 6 Lm am Rd-Beginn. Den Faden abschneiden und sichern.

5. Runde: Den Faden in Fb B mit 1 Km an einem Eck-Lm-Bg anschlingen, 6 Lm (für das 1. Stb + 3 Lm), 3 Stb in denselben Lm-Bg, * 2 x [1 Lm, 3 Stb übergehen, 3 Stb in den nächsten Lm-Bg], 1 Lm, 3 Stb übergehen, [3 Stb, 3 Lm, 3 Stb] in den nächsten Lm-Bg; ab * noch 2 x wdh, 2 x [1 Lm, 3 Stb übergehen, 3 Stb in den nächsten Lm-Bg], 1 Lm, 3 Stb übergehen, 2 Stb in den nächsten Lm-Bg, 1 Km in die 3. der 6 Lm am Rd-Beginn. Den Faden abschneiden und sichern.

6. Runde: Den Faden in Fb A mit 1 Km an einem Eck-Lm-Bg anschlingen, 6 Lm (für das 1. Stb + 3 Lm), 3 Stb in denselben Lm-Bg, * 3 x [1 Lm, 3 Stb übergehen, 3 Stb in den nächsten Lm-Bg], 1 Lm, 3 Stb übergehen, [3 Stb, 3 Lm, 3 Stb] in den nächsten Lm-Bg; ab * noch 2 x wdh, 3 x [1 Lm, 3 Stb übergehen, 3 Stb in den nächsten Lm-Bg], 1 Lm, 3 Stb übergehen, 2 Stb in den nächsten Lm-Bg, 1 Km in die 3. der 6 Lm am Rd-Beginn. Den Faden abschneiden und sichern.

7. Runde: Den Faden in Fb B mit 1 Km an einem Eck-Lm-Bg anschlingen, 6 Lm (für das 1. Stb + 3 Lm), 3 Stb in denselben Lm-Bg, * 4 x [1 Lm, 3 Stb übergehen, 3 Stb in den nächsten Lm-Bg], 1 Lm, 3 Stb übergehen, [3 Stb, 3 Lm, 3 Stb] in den nächsten Lm-Bg; ab * noch 2 x wdh, 4 x [1 Lm, 3 Stb übergehen, 3 Stb in den nächsten Lm-Bg], 1 Lm, 3 Stb übergehen, 2 Stb in den nächsten Lm-Bg, 1 Km in die 3. der 6 Lm am Rd-Beginn. Den Faden abschneiden und sichern.

Nach diesem Prinzip weiterhäkeln bis zum Ende der 11. Rd (= Fb B) und dabei das Granny-Square nach und nach vergrößern.

12. Runde: Den Faden in Fb A mit 1 Km an einem 3-Lm-Bg einer Ecke anschlingen, 1 Lm, [1 fM, 2 Lm, 1 fM] in denselben Bg, 1 fM in jedes Stb, [1 fM, 2 Lm, 1 fM] in jeden 3-Lm-Bg der Ecken, die Rd mit 1 Km in die 1. Lm schließen. Den Faden abschneiden und sichern.

13. Runde: Den Faden in Fb B an einem Eck-Lm-Bg anschlingen, 1 Lm, [1 fM, 2 Lm, 1 fM] in denselben Bg, 1 fM in jede fM der Vorrd, [1 fM, 2 Lm, 1 fM] in jeden Eck-Lm-Bg; die Rd mit 1 Km in die 1. Lm schließen. Den Faden abschneiden und sichern. Die Fadenenden vernähen. Die Decke spannen, anfeuchten und trocknen lassen.

Cyrils Kissen

Material und Zubehör

- Rowan Baby Cashsoft Merino (57 % Wolle, 33 % Polyacryl, 10 % Kaschmir; LL 130 m/50 g): Rest in Snowflake (Fb 101)
- Häkelnadel 3,5 mm
- Wollnadel

Mit der Häkelnd 3,5 mm und Fb A 16 Lm anschl.

1. Reihe: Je 1 fM in die 2. Lm von der Häkelnd aus und in jede folg Lm bis R-Ende; wenden (= 15 M).

2.–24. Runde: 1 Lm, 1 fM in jede M bis R-Ende; wenden.

Das Rechteck rechts auf rechts zusammenlegen und die Anfangs-Lm-Kette und die letzte R mit fM zusammenhäkeln. Die Hülle auf rechts wenden und mit etwas Füllwatte ausstopfen.

Muschelkante (2 x arb)

An einer Schmalseite den Faden mit 1 Km an der rechten Kante anschlingen und durch beide Lagen der Kante hindurch häkeln wie folgt: * 1 M übergehen, 5 Stb in

Ihren fliederfarbenen Morgenrock mag Barbara so gern, dass sie ihn am liebsten auch auf der Straße tragen würde.

Barbara friert leicht und nimmt deshalb immer ihre geliebte Wärmflasche mit ins Bett.

Diese kuscheligen Häschenhausschuhe bringen Barbara immer zum Lächeln.

Das Geheimnis eines erholsamen Nachtschlafs ist ein weiches, bequemes Bett, deshalb schätzt Cyril seine Decke und sein Kissen außerordentlich.
Cyril und sein Teddy sind seit Langem enge Freunde, und Cyril erzählt dem Kuscheltier all seine Geheimnisse.
Auf seine kesse Schlafmütze ist Cyril sehr stolz.

die nächste M, 1 M übergehen, 1 Km in die nächste M; ab * noch 2 x wdh (= 3 Muscheln).
Den Faden abschneiden und sichern. Die Fadenenden vernähen.

Barbaras Nachthemd

Material und Zubehör

- Rowan Baby Cashsoft Merino (57 % Wolle, 33 % Polyacryl, 10 % Kaschmir; LL 130 m/50 g): 50 g in Vintage Pink (Fb 105)
- Häkelnadel 3,5 mm
- Wollnadel
- 50 cm Band in Rosa, 10 mm breit

Hinweis: Die Passe des Nachthemds wird in R gearbeitet, dann wird in fortlfd Spiralrd von oben nach unten weitergehäkelt.

In Hin- und Rückr häkeln.
Mit der Häkelnd 3,5 mm 31 Lm anschl.
1. Reihe: Je 1 fM in die 2. Lm von der Häkelnd aus und in jede folg Lm bis R-Ende; wenden (= 30 M).
2. Reihe: 1 Lm, 5 x [5 fM, 1 fM verd]; wenden (= 35 M).
3. Reihe: 1 Lm, 5 x [6 fM, 1 fM verd]; wenden (= 40 M).
4. und 5. Reihe: 2 R fM häkeln.
6. Reihe: 1 Lm, 6 fM, 1 Km, 2 M übergehen, 7 DStb in dieselbe M, 1 M übergehen, 1 Km, 16 fM, 1 Km, 2 M übergehen, 7 DStb in dieselbe M, 1 M übergehen, 1 Km, 6 fM; wenden.
7. Reihe: 1 Lm, 6 fM, 6 Lm, die Muschel übergehen, 16 fM, 6 Lm, die Muschel übergehen, 6 fM; wenden (= 40 M).
8. Reihe: 1 Lm, 1 fM in jede M der Vorr; wenden (= 40 M).
Nun den Rock in fortlfd Spiralrd weiterhäkeln wie folgt:
1. Runde: 5 x [7 fM, 1 fM verd]; wenden (= 45 M).
2. Runde: 5 x [8 fM, 1 fM verd]; wenden (= 50 M).
3.–8. Runde: 6 Rd fM häkeln.
9. Runde: 12 x [3 fM, 1 fM verd], 2 fM; wenden (= 62 M).
10.–19. Runde: 10 Rd fM häkeln. Den Faden nicht abschneiden.

Muschelkante:
20. Runde: 1 Lm, 1 fM in die M an der Basis der Lm, * 1 M übergehen, 4 Stb in

die nächste M, 1 M übergehen, Km in die nächste M; ab * noch 14 x wdh, 1 fM.
Den Faden abschneiden und sichern. Die Fadenenden vernähen.

Fertigstellung

Das Band mithilfe der Wollnd zwischen der 3. und 4. Rd des Rocks einweben und vorne zur Schleife binden.

Barbaras Morgenrock

Material und Zubehör

- Rowan Baby Cashsoft Merino (57 % Wolle, 33 % Polyacryl, 10 % Kaschmir; LL 130 m/50 g): 50 g in Lavender (Fb 114)
- Häkelnadel 3,5 mm
- Wollnadel
- 2 Knöpfe, ∅ 10 mm

Hinweis: Der Morgenrock wird bis zu den Armausschnitten in einem Stück gehäkelt, dann werden das Rückenteil und die beiden Vorderteile separat beendet.

Vorderteile und Rückenteil

In Hin- und Rückr häkeln.
Mit der Häkelnd 3,5 mm 69 Lm anschl.
1. Reihe: Je 1 fM in die 2. Lm von der Häkelnd aus und in jede folg Lm bis R-Ende; wenden (= 68 M).
2.–12. Reihe: 11 R fM häkeln.
13. Reihe: 1 Lm, 4 x [15 fM, 2 fM zus abm]; wenden (= 64 M).
14.–18. Reihe: 5 R fM häkeln.
19. Reihe: 1 Lm, 4 x [14 fM, 2 fM zus abm]; wenden (= 60 M).
20.–24. Reihe: 5 R fM häkeln.
25. Reihe: 1 Lm, 4 x [13 fM, 2 fM zus abm]; wenden (= 56 M).
Nun die beiden Vorderteile und das Rückenteil separat beenden.

Rechtes Vorderteil

26. Reihe: 1 Lm, 2 fM, 2 Lm, 2 M übergehen, 9 fM; wenden (= 13 M).
27. Reihe: 1 Lm, 1 fM in jede M bis R-Ende; wenden (= 13 M).
28. und 29. Reihe: 2 R fM häkeln.
30. Reihe: 1 Lm, 1 M übergehen, fM häkeln bis R-Ende; wenden (= 12 M).
31. –33. Reihe: 3 R fM häkeln.
34. Reihe: 1 Lm, 2 fM, 2 Lm, 2 M übergehen, 8 fM; wenden (= 12 M).

35. Reihe: 1 Lm, 1 fM in jede M bis R-Ende; wenden (= 12 M).
36. Reihe: 7 Km, 1 Lm, fM in dieselbe M, 4 fM; wenden.
37. Reihe: 1 Lm, 3 fM, 2 fM zus abm.
Den Faden abschneiden und sichern. Die Fadenenden vernähen.

Rückenteil

Von der rechten Seite der Arbeit aus die nächsten 5 M für den Armausschnitt übergehen. Den Faden mit 1 Km an der nächsten M anschlingen.
26. Reihe: 1 Lm, 1 fM in dieselbe M, 19 fM; wenden (= 20 M).
27.–29. Reihe: 3 R fM häkeln.
30. Reihe: 1 Lm, 1 M übergehen, 1 fM in jede M bis zu den letzten 2 M, 1 M übergehen, 1 fM; wenden (= 18 M).
31.–36. Reihe: 6 R fM häkeln.
37. Reihe: 1 Lm, 3 fM, 2 fM zus abm, 8 Km, 2 fM zus abm, 3 fM.
Den Faden abschneiden und sichern. Die Fadenenden vernähen.

Linkes Vorderteil

Von der rechten Seite der Arbeit aus die nächsten 5 M für den Armausschnitt übergehen. Den Faden mit 1 Km an der nächsten M anschlingen.
26. Reihe: 1 Lm, 1 fM in dieselbe M, 12 fM; wenden (= 13 M).
27.–29. Reihe: 3 R fM häkeln.
30. Reihe: 1 Lm, 1 fM in jede M bis zu den letzten 2 M, 1 M übergehen, 1 fM; wenden (= 12 M).
31.–36. Reihe: 6 R fM häkeln.
37. Reihe: 1 Lm, 2 fM zus abm, 3 fM.
Den Faden abschneiden und sichern. Die Fadenenden vernähen.

Ärmel (2 x arb)

In Hin- und Rückr häkeln.
Mit der Häkelnd 3,5 mm 27 Lm anschl.
1. Reihe: Je 1 fM in die 2. Lm von der Häkelnd aus und in jede folg Lm bis R-Ende; wenden (= 26 M).
2.–13. Reihe: 12 R fM häkeln.
14. Reihe: Je 1 Km in die ersten 3 M, 1 Lm, 20 fM; wenden und die letzten 3 M unbehäkelt lassen (= 20 M).
15. Reihe: 1 Lm, 1 M übergehen, 1 fM in jede M bis zu den letzten 2 M, 1 M übergehen, 1 fM in die letzte M; wenden (= 18 M).
16.–22. Reihe: Weiter fM in Hin- und Rückr häkeln und dabei in jeder R beidseitig 1 M abn, wie in der 15. R eingeteilt, bis 4 M übrig bleiben. Den Faden abschneiden und sichern.

Kragen

Mit der Häkelnd 3,5 mm 40 Lm anschl.
1. Reihe: 4 Stb in die 3. Lm von der Häkelnd aus, 1 M übergehen, 1 fM in jede Lm bis zu den letzten 4 M, 1 M übergehen, 4 Stb in die nächste M, 1 M übergehen, 1 Km in die letzte M (= 40 M). Den Faden abschneiden und sichern. Die Fadenenden vernähen.

Fertigstellung

Vorderteile und Rückenteil rechts auf rechts aufeinanderlegen und die Schulternähte schließen. Die Raglanärmel an Vorderteile und Rückenteil annähen. Die Ärmelnähte schließen. Die beiden Knöpfe so annähen, dass sie zu den Knopflöchern passen. Den Kragen an den Halsausschnitt nähen und dabei darauf achten, dass an jeder Seite des Kragens 3 Km frei bleiben. Den Faden abschneiden und sichern. Die Fadenenden vernähen.

Barbaras Häschenhausschuhe

Material und Zubehör

- Rowan Baby Cashsoft Merino (57 % Wolle, 33 % Polyacryl, 10 % Kaschmir; LL 130 m/50 g): Rest in Vintage Pink (Fb 105)
- Häkelnadel 3,5 mm
- Wollnadel
- Baumwollsticktwist in Schwarz

Mit der Häkelnd 3,5 mm 8 Lm anschl. Rund um diese zentrale Lm-Kette häkeln, sodass eine ovale Fußsohle entsteht. In Spiralrd häkeln und die letzte M der Rd markieren.
1. Runde: 1 fM in die 2. Lm von der Häkelnd aus, je 1 fM in die nächsten 6 fM, 2 Lm, je 1 fM in jede Lm auf der anderen Seite der Lm-Kette, 2 Lm (= 18 M).
2. Runde: 7 fM, 3 fM in den Lm-Bg, 7 fM, 3 fM in den Lm-Bg (= 20 M).
3. Runde: 7 fM, je 2 fM in jede der 3 End-fM, 7 fM, je 2 fM in jede der 3 End-fM (= 26 M).
4. Runde: 1 fM ins hMg jeder fM der Vorrd.
5.–7. Runde: 3 Rd fM häkeln.
8. Runde: 8 fM, 3 x 2 fM zus abm, 12 fM (= 23 M).
9. Runde: 8 fM, 3 fM zus abm, 10 fM, 2 fM zus abm (= 20 M).
Den Faden abschneiden und sichern. Die Fadenenden vernähen.

Häschenohren (4 x arb)

Mit der Häkelnd 3,5 mm 6 Lm anschl.
1. Reihe: 1 Km in die 2. Lm von der Häkelnd aus, 1 fM, 1 hStb, 2 Stb.
Den Faden bis auf ein längeres Fadenende abschneiden und sichern.
2 Ohren auf das Vorderteil jedes Schuhs nähen (siehe Fotos). Mit schwarzem Baumwollsticktwist die Augen und jeweils ein Kreuz für die Nase aufsticken.

Barbaras Wärmflasche

Material und Zubehör

- Rowan Baby Cashsoft Merino (57 % Wolle, 33 % Polyacryl, 10 % Kaschmir; LL 130 m/50 g): Rest in Rosy (Fb 115)
- Häkelnadel 3,5 mm
- Wollnadel

Seitenteil (2 x arb)

Mit der Häkelnd 3,5 mm 8 Lm anschl.
1. Reihe: Je 1 fM in die 2. Lm von der Häkelnd aus und in jede folg Lm bis R-Ende; wenden (= 7 M).
2.–10. Reihe: 1 Lm, 1 fM in jede M bis R-Ende; wenden. Den Faden abschneiden und sichern.
Beide Teile links auf links aufeinanderlegen, die mittleren 3 M der letzten R markieren und den Faden mit 1 Km an der 6. M anschlingen. Die Teile rundum mit fM zusammenhäkeln, jedoch die mittleren 3 M offen lassen. Den Faden nicht abschneiden, sondern um die Öffnung herum weiterhäkeln wie folgt:
1. Runde: Je 2 fM in die mittleren 3 M der einen Seite und dann je 2 fM in die mittleren fM der anderen Seite häkeln (= 12 M).
2. und 3. Runde: 1 fM in jede M. (= 12 M).
Den Faden abschneiden und sichern. Die Fadenenden vernähen.

Die Kleidung

Oberteile und Jacken

Rogers Jacke,
Seite 69

Rogers Streifenshirt,
Seite 68

Mollys Matrosenshirt, Seite 44, sieht in vielen Farben attraktiv aus.

Adas Jacke, Seite 70

Mollys Matrosenshirt, Seite 44

Billys Hoodie, Seite 40

Jeffs Top, Seite 28

Hosen

Billys Trainingshose,
Seite 40

Billys Trainingshose,
Seite 40

Rogers Shorts, Seite 69

Jeffs Shorts, Seite 28

Rogers kurze Hose, Seite 69, hat am Hinterteil eine praktische Öffnung für den Schwanz.

Kleider

Peggys Kleid,
Seite 32

Adas Kleid, Seite 70, ist mit hübschen Knöpfchen versehen.

Adas Kleid, Seite 70

Mollys Trägerkleid, Seite 44

Nachtwäsche

Cyrils Schlafmütze, Seite 78

Cyrils Schlafanzughose, Seite 77

Cyrils Schlafanzugjacke, Seite 77

Barbaras Häschenhausschuhe, Seite 83

Barbaras Nachthemd, Seite 82

Barbaras Morgenrock, Seite 82

Badekleidung

Sidneys Badeanzug,
Seite 52

Maisies Tankini, Seite 57

Schuhe

Adas Schuhe, Seite 71

Peggys Schuhe, Seite 32

Rogers Turnschuhe, Seite 69

Mollys Schuhe, Seite 45

Rogers Turnschuhe, Seite 69

Peggys Schuhe, Seite 32

Mollys Schuhe,
Seite 45

Mollys Schuhe, Seite 45

Peggys Schuhe, Seite 32

Adas Schuhe,
Seite 71

Rogers Turnschuhe,
Seite 69

Barbaras Häschenhausschuhe,
Seite 83

Hüte und Taschen

Mollys Baskenmütze, Seite 45

Adas Schottenmütze, Seite 71

Peggys Sonnenhut, Seite 32

Maisies Korb, Seite 58

Billys Kappe, Seite 41

Jeffs Sporttasche, Seite 29

Mollys Tasche, Seite 45

Maisies Sonnenhut, Seite 58

Accessoires

Sidneys Hängematte, Seite 56

Maisies Wimpelkette, Seite 58

Sidneys Schwimmreifen, Seite 56

Sidneys Wasserball, Seite 56

Cyrils Decke, Seite 79

Jeffs Stirnband, Seite 29

Jeffs Beinstulpen, Seite 29

Peggys Blumen, Seite 33

Cyrils Kissen, Seite 79

Cyrils Teddybär, Seite 78

Barbaras Wärmflasche, Seite 83

Die Grundtechniken

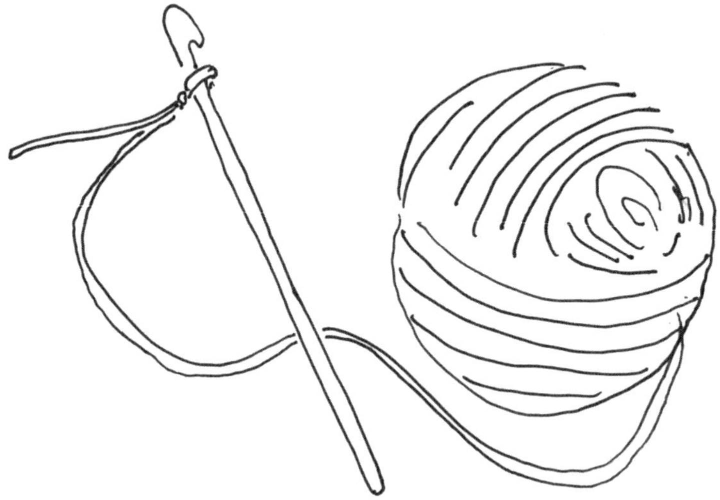

Erste Schritte

Mein erster Rat an Sie lautet: Haben Sie Spaß! Im Laufe der Jahre haben viele Menschen meine Modelle nachgearbeitet und betrübt gesagt: „Meine Ergebnisse sehen gar nicht aus wie Ihre." Aber das ist ja gerade das Schöne daran! Alles Handgearbeitete ist einzigartig. Kein Tier gleicht dem anderen, und je witziger sie sind, desto besser.
Meiner Erfahrung nach gelingt das Ergebnis umso besser, je mehr Vergnügen Sie am Austauschen der Farben, am Variieren des Ausdrucks und an anderen Veränderungen und Experimenten haben.
Ich liebe es, Spielsachen zu häkeln. In den vergangenen zehn Jahren hat das Häkeln enormen Aufschwung genommen. Dazu hat ganz wesentlich die Beliebtheit japanischer Amigurumi beigetragen: kunstvoll gehäkelter und ausgestopfter Mini-Tiere und -Figuren. „Ami" kommt vom japanischen Wort für Stricken oder Häkeln, und „nuigurumi" bedeutet „ausgestopfte Puppe".
Die Häkeltechnik eignet sich ausgezeichnet zum Gestalten von Puppen und Kuscheltieren: Das dichte Maschenbild macht die Spielsachen robust und haltbar, sodass sie auch die Aktivitäten besonders lebhafter und begeisterter Spielkameraden unbeschadet überstehen. Außerdem ist es einfach, in Runden zu häkeln und so nahtlos dreidimensionale Formen allein durch das Zu- und Abnehmen von Maschen zu schaffen.

Häkelnadeln und Garn

Häkelnadeln gibt es in einer wundervollen Auswahl an unterschiedlichen Materialien und Stärken. In diesem Buch werden durchweg nur zwei Nadelstärken verwendet: 3 mm und 3,5 mm. Ich arbeite am liebsten mit Aluminium- oder Stahlhäkelnadeln, weil ich es einfacher finde, sie durch die dichten Maschen zu stechen, als bei Holz- oder Kunststoffnadeln.
Für die meisten Projekte in diesem Buch reichen schon geringe Garnmengen. Deshalb eignen sich die Modelle zum Aufbrauchen von Resten, die von anderen Strick- oder Häkelprojekten übrig geblieben sind. Alle Modelle in diesem Buch wurden aus Garnen mit einer Lauflänge zwischen 105 und 130 m je 50-g-Knäuel gehäkelt. Die verwendeten Garne sind kuschelweich und bringen das Maschenbild gut zur Geltung. Wenn Sie die in den Anleitungen genannten Originalgarne nicht im Handel finden, ist das kein Problem: Achten Sie einfach darauf, für die Tiere und ihre Outfits jeweils Garne der gleichen Stärke bzw. Lauflänge zu verwenden.
Hinter diesem Buch stand die Idee, einige neue Figuren zu kreieren, um die tierische Familie zu vergrößern und auch um weitere Kleidungsstücke und Accessoires für die Tiere aus „Zauberhafte Häkeltiere" zur Auswahl zu stellen. Solange Sie bei der gleichen Garnstärke bleiben, können Sie nach diesem Buch auch Ihre Tiere aus dem ersten Buch neu einkleiden.

Füllmaterial

Ich habe zum Ausstopfen der Tiere Kunstfaser-Füllwatte der Marke Minicraft Supersoft verwendet. Dieses Material entspricht den Standards BS145, BN5852 und EN71 und ist für Kinder ungefährlich. Achten Sie darauf, Ihr Tier fest, aber nicht übermäßig auszustopfen, denn dann würden sich die Gesichtzüge verformen.

Nadeln

Zum Fertigstellen der Projekte brauchen Sie verschiedene Nadeln, beispielsweise eine Wollnadel zum Vernähen der Fadenenden und eine Sticknadel für Details wie die Augenwimpern.

Sicherheitsaugen

Die meisten Tiere in diesem Buch haben Sicherheitsaugen aus Kunststoff mit einem Durchmesser von 10 mm, Pandas und Löwen haben zusätzlich Sicherheitsnasen. Diese Elemente bestehen aus zwei Teilen: Das Auge oder die Nase hat einen Schaft, der durch die Häkelarbeit gesteckt wird, und einen Ring aus Kunststoff oder Metall, der innerhalb des Tierkopfes fest auf den Schaft gesteckt wird und Auge oder Nase sicher fixiert.

Wenn dieser Fixierungsring einmal aufgesteckt ist, lässt er sich praktisch nicht mehr entfernen, deshalb sollten Sie sich vor dem Anbringen vergewissern, dass Augen oder Nase genau an der richtigen Stelle sitzen. Es hilft, den Kopf mit etwas Füllwatte auszustopfen, um die Position zu prüfen, bevor man den Ring aufsteckt. Wenn Sie beide Teile von Auge oder Nase zusammengefügt haben, sollten Sie testhalber versuchen, die Teile aus der Häkelarbeit zu ziehen, um sicherzugehen, dass sie fest angebracht sind.

Tipp

Selbst erfahrene Häklerinnen müssen von Zeit zu Zeit prüfen, ob die Maschen- oder Rundenzahl noch stimmt. Ich verwende keine teuren Maschenmarkierer, sondern schneide einige Fadenstücke von jeweils 5 cm Länge zu, die ich zwischen die letzte Masche einer Runde und die 1. Masche der nächsten Runde lege. Wenn ich fertig gehäkelt habe, lassen sich diese kurzen Fäden ganz einfach herausziehen, ohne die Maschen zu beschädigen.

Halten der Häkelnadel

Halten Sie die Häkelnadel in der rechten oder linken Hand zwischen Zeigefinger und Daumen wie einen Bleistift.

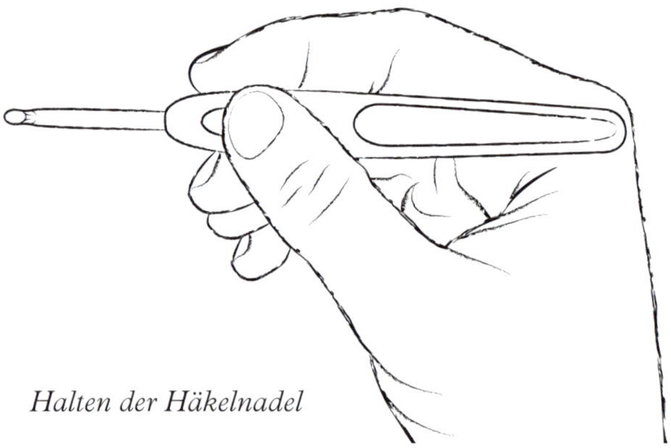

Halten der Häkelnadel

Halten des Fadens

Legen Sie den Faden an der Hand, in der Sie die Häkelnadel nicht halten, um den kleinen Finger und dann über die Hand. Sie können den Faden zwischen Mittelfinger und Daumen halten und die Spannung mit dem Zeigefinger kontrollieren.

Anfangsschlinge

Legen Sie den Faden als Schlinge um zwei Finger. Dann ziehen Sie eine zweite Schlinge durch diese erste Schlinge und heben sie auf die Häkelnadel. Ziehen Sie die Anfangsschlinge vorsichtig fest, sodass sie einen lockeren Knoten auf der Häkelnadel bildet.

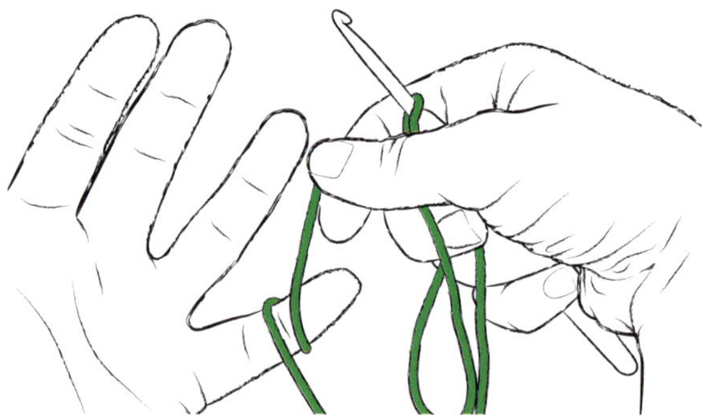

Halten des Fadens

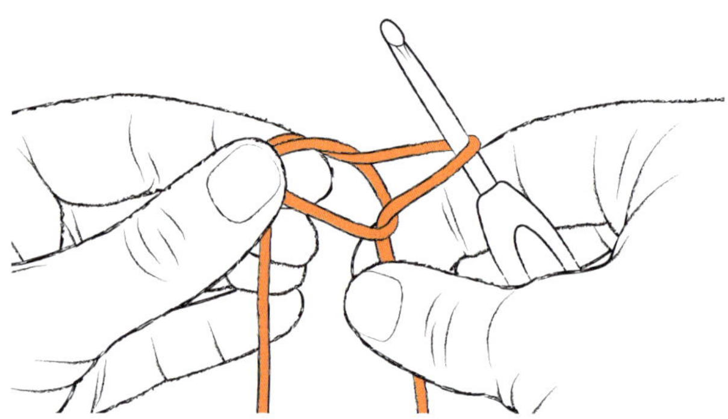

Anfangsschlinge

Abkürzungen

abm	abmaschen
Abn	Abnahme(n)
abn	abnehmen
anschl	anschlagen
arb	arbeiten
beids	beidseitig
Bg	Bogen
Bm	Büschelmasche(n)
DStb	Doppelstäbchen
Fb	Farbe
fM	feste Masche(n)
folg	folgende(n)
fortlfd	fortlaufend
Garnfb	Garnfarbe(n)
Häkelnd	Häkelnadel
Hinr	Hinreihe(n)
hMg	hintere(s) Maschenglied(er)
hStb	halbe(s) Stäbchen
Km	Kettmasche(n)
Krebsm	Krebsmasche(n)
Lm	Luftmasche
M	Masche(n)
Mg	Maschenglied(er)
MM	Maschenmarkierer
Nd	Nadel(n)
R	Reihe(n)
Rd	Runde(n)
RStbv	Reliefstäbchen vorne
restl	restliche(n)
Rückr	Rückreihe(n)
Schl	Schlinge(n)
Sicherheitsnd	Sicherheitsnadel
Spiralrd	Spiralrunde(n)
Stb	Stäbchen
U	Umschlag/Umschläge
verd	verdoppeln (= 2 M in 1 Einstichstelle arb)
wdh	wiederholen
weiterarb	weiterarbeiten
Wollnd	Wollnadel
zun	zunehmen
zus abgem	zusammen abgemascht(e)
zus	zusammen

Häkelmaschen

Luftmasche (Lm)

1 Mit einer Anfangsschlinge auf der Häkelnadel beginnen.

2 Den Faden um die Häkelnadel legen (= „den Faden holen").

3 Den Faden durch die Arbeitsschlinge auf der Häkelnadel ziehen, um 1 Luftmasche zu bilden.

1

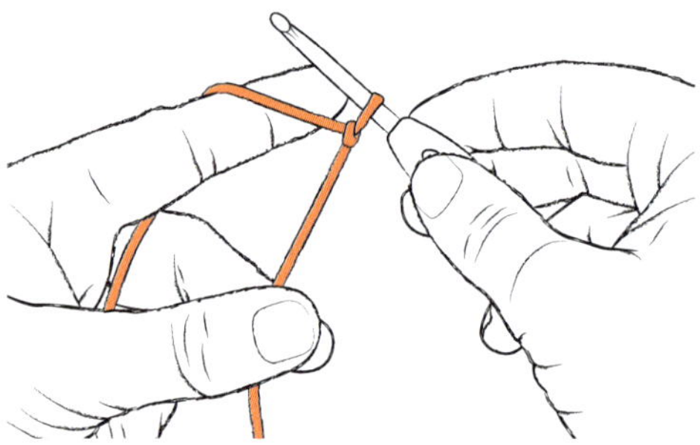

2

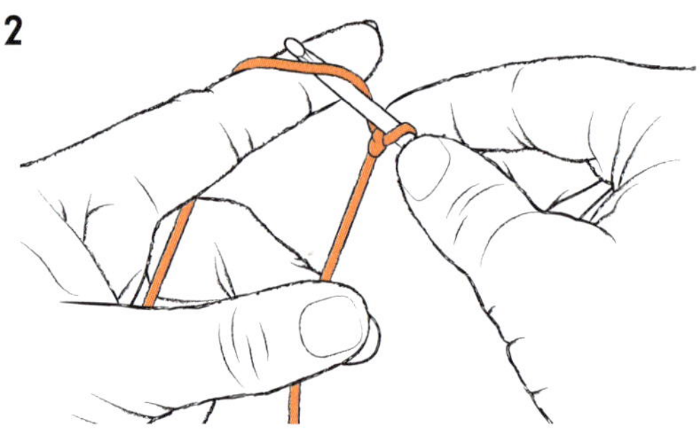

3

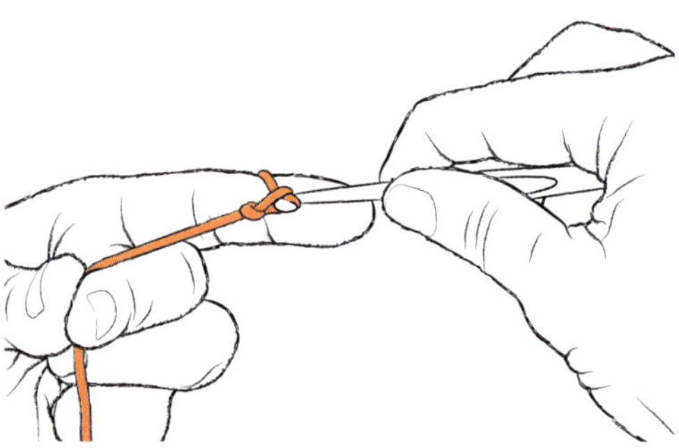

Kettmasche (Km)

Kettmaschen eignen sich gut als Verzierung und zum Verbinden zweier Häkelteile.

1 Die Häkelnadel in die angegebene Masche einstechen. Den Faden holen und durch die Masche und die Arbeitsschlinge auf der Häkelnadel ziehen.

2 Schritt 1 fortlaufend wiederholen, bis die erforderliche Zahl an Kettmaschen gehäkelt ist.

1

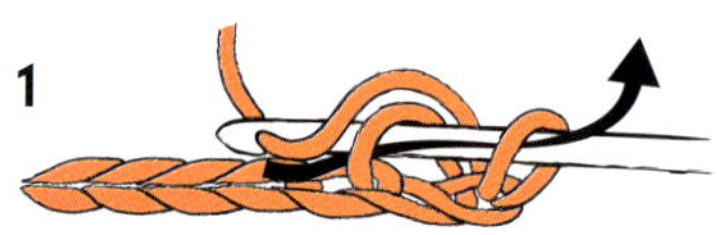

2

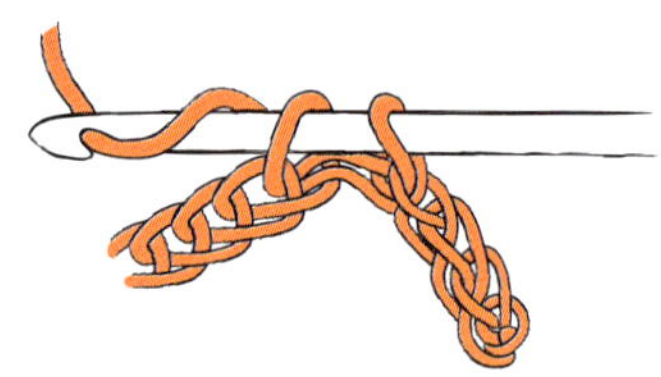

Feste Masche (fM)

1 Die Häkelnadel in die angegebene Masche einstechen. Den Faden holen und durch die Masche ziehen (= 2 Schlingen auf der Häkelnadel).

2 Den Faden holen und durch beide Schlingen auf der Häkelnadel ziehen. Es bleibt eine Schlinge auf der Häkelnadel übrig.

1

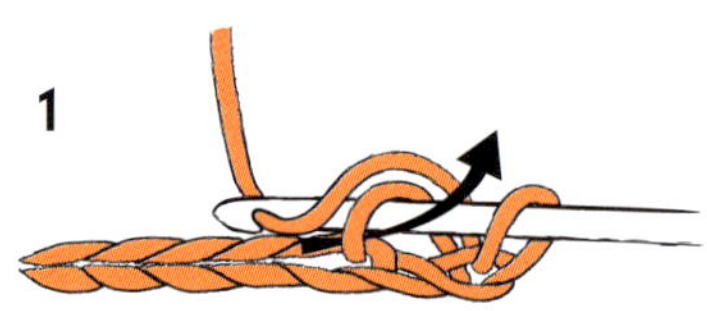

2

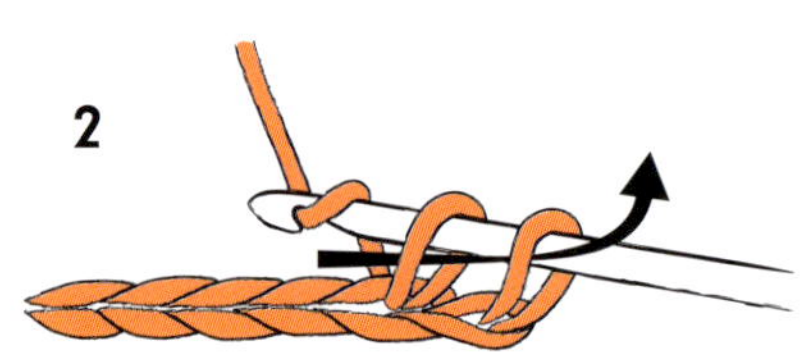

Halbes Stäbchen (hStb)

1 Den Faden um die Häkelnadel legen (= 1 Umschlag/U). Die Häkelnadel in die angegebene Masche einstechen, den Faden holen und durch die Masche ziehen (= 3 Schlingen auf der Häkelnadel).

2 Den Faden wieder holen und durch alle Schlingen auf der Häkelnadel ziehen. Es bleibt eine Schlinge auf der Häkelnadel übrig.

1

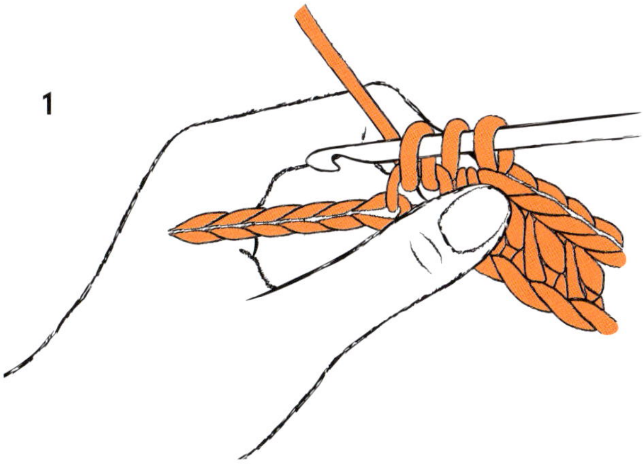

2

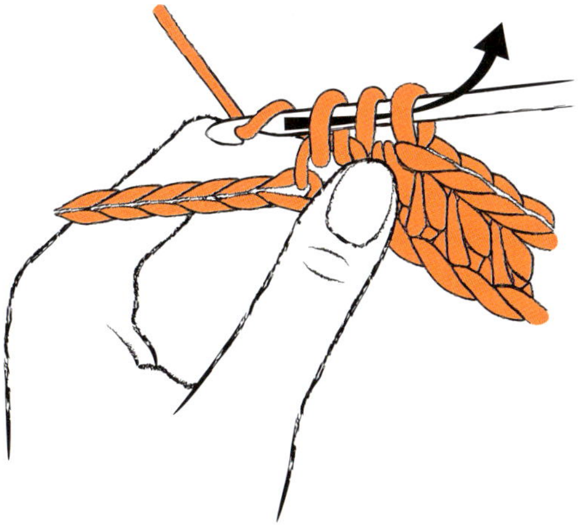

Häkeln ins hintere Maschenglied

Normalerweise sticht man die Häkelnadel unter beiden Maschengliedern einer Masche ein. Doch wenn man in einer Runde oder Reihe nur unter dem hinteren Maschenglied einsticht, lässt sich ein besonderer Effekt erzielen: So entsteht eine horizontale Rippe oder Linie entlang der Reihe. In diesem Buch wird der Effekt für den Übergang von der Sohle zu den Seiten der Tierfüße verwendet. Außerdem bekommt Jeffs Top (Seite 28) durch diese Technik seine charakteristische Struktur.

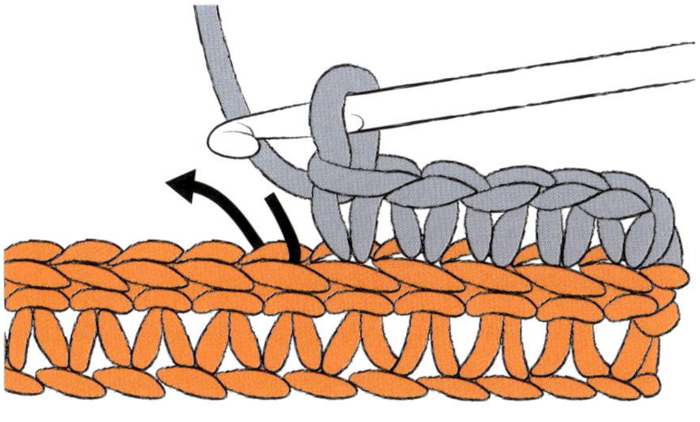

Stäbchen (Stb)

1 Den Faden um die Häkelnadel legen (= 1 Umschlag/U). Die Häkelnadel in die angegebene Masche einstechen, den Faden holen und durch die Masche ziehen (= 3 Schlingen auf der Häkelnadel).

2 Den Faden wieder holen und durch zwei Schlingen auf der Häkelnadel ziehen (= 2 Schlingen auf der Häkelnadel).

3 Den Faden noch einmal holen und durch die verbleibenden 2 Schlingen ziehen. Es bleibt eine Schlinge auf der Häkelnadel übrig.

1

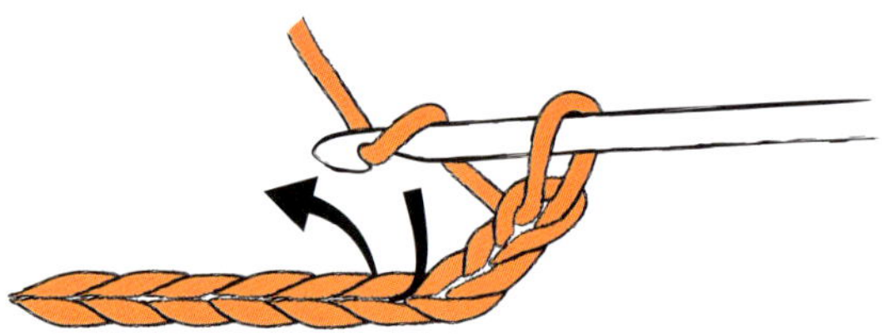

2

3

Doppelstäbchen (DStb)

1 Den Faden zweimal um die Häkelnadel legen (= 2 Umschläge/U). Die Häkelnadel in die angegebene Masche einstechen, den Faden holen und durch die Masche ziehen (= 4 Schlingen auf der Häkelnadel).

2 Den Faden holen und durch zwei Schlingen auf der Häkelnadel ziehen (= 3 Schlingen auf der Häkelnadel).

3 Den Faden wieder holen und durch zwei Schlingen auf der Häkelnadel ziehen (= 2 Schlingen auf der Häkelnadel).

4 Den Faden noch einmal holen und durch die verbleibenden 2 Schlingen ziehen. Es bleibt eine Schlinge auf der Häkelnadel übrig.

Häkeln in Reihen

Beim Häkeln in Hin- und Rückreihen muss man jede Reihe mit einer oder mehreren Luftmaschen entsprechend der Maschenart beginnen. Eine Reihe feste Maschen beginnt beispielsweise mit einer Luftmasche; in den Anleitungen ist das jeweils angegeben.

Häkeln in Runden

Wundervoll am Häkeln ist unter anderem, dass man nicht immer in Reihen häkeln muss, sondern auch in Runden häkeln kann. Dabei gibt es zwei Möglichkeiten: Entweder wird jede Runde mit einer Kettmasche in die erste Masche (oder in die oberste Luftmasche, die die erste Masche ersetzt) geschlossen und die nächste Runde mit der entsprechenden Zahl an Luftmaschen für die folgende Maschenart begonnen, oder es wird in fortlaufenden Spiralrunden gehäkelt (siehe Seite 111).

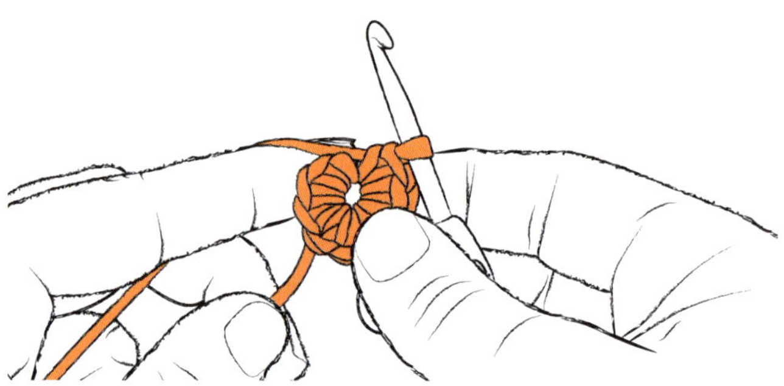

Häkeln in Runden

Häkeln in Spiralrunden

Die meisten Teile in diesem Buch, die in Spiralrunden gehäkelt werden, beginnen mit einem Fadenring (siehe Seite 112) und werden in der Amigurumi-Technik gearbeitet, also in fortlaufenden Runden, die nicht mit Kettmaschen geschlossen oder mit Anfangsluftmaschen begonnen werden. Auf diese Weise lassen sich zylindrische Formen nahtlos anfertigen.
Es empfiehlt sich, den Rundenbeginn jeweils mit einem farbigen Fädchen zu markieren (siehe unten), um den Überblick zu behalten.

Luftmaschenring schließen

1 Die in der Anleitung angegebene Zahl an Luftmaschen häkeln.

2 Die Häkelnadel in die als erste gehäkelte Luftmasche einstechen.

3 Den Faden holen und durch beide Schlingen auf der Häkelnadel ziehen.

1

2

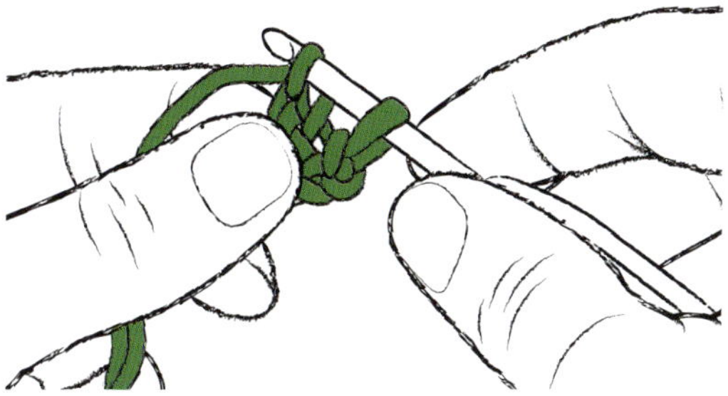

3

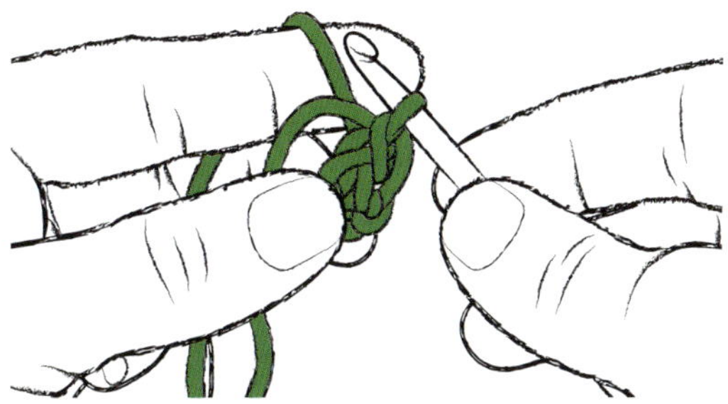

Fadenring (Magic Ring)

In den vergangenen Jahren ist mit dem wachsenden Interesse am Häkeln von Amigurumi der sogenannte Magic Ring (in diesem Buch der Einfachheit halber als Fadenring bezeichnet) zunehmend populär geworden. Er ist eine saubere Methode, ein rundes Häkelteil ohne hässliches Loch in der Mitte zu beginnen, das beim Luftmaschenring (siehe Seite 111) entstehen würde. Der Magic Ring wird fast immer in Verbindung mit festen Maschen gearbeitet, weil sie ein festes, dichtes Maschenbild ergeben, das sich besonders gut für Tiere und Puppen eignet.

1 Eine Anfangsschlinge arbeiten und auf die Häkelnadel legen.

2 Vor dem Festziehen des Rings den Faden (außerhalb des Rings) um die Häkelnadel legen und durch die Schlinge auf der Häkelnadel ziehen, um die 1. Luftmasche zu arbeiten.

3 Die Häkelnadel in den Ring einstechen, den Faden holen und durch den Ring ziehen (= 2 Schlingen auf der Häkelnadel).

4 Den Faden holen (wieder außerhalb des Rings) und durch beide Schlingen ziehen.

5 Damit ist die erste feste Masche fertig.

6 Auf diese Weise weiterhäkeln, bis die in der Anleitung angegebene Zahl an festen Maschen gehäkelt ist.

7 Am Fadenende ziehen, um den Ring zu schließen, und in Runden weiterhäkeln wie gewohnt.

1

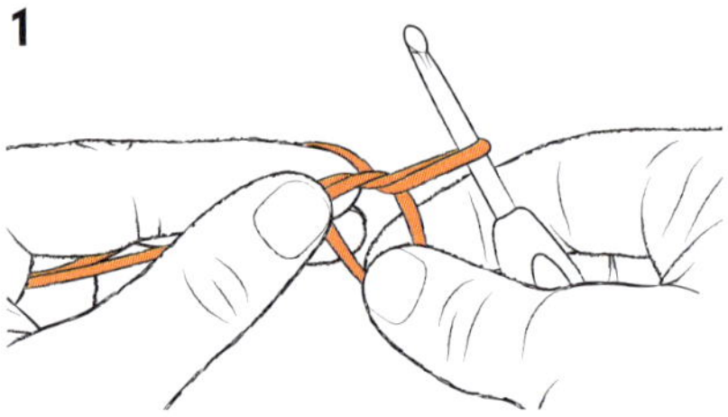

2

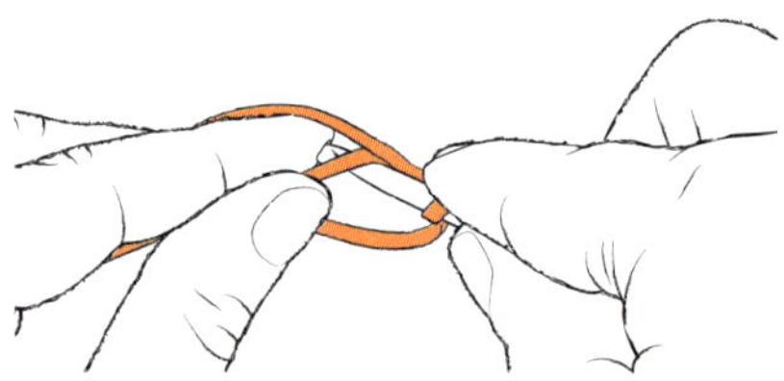

3

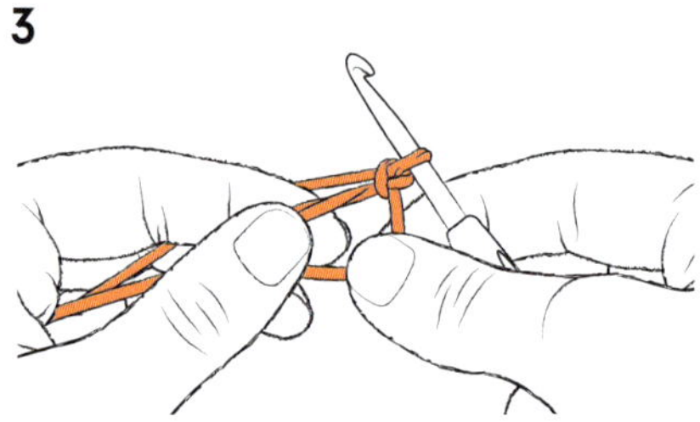

4

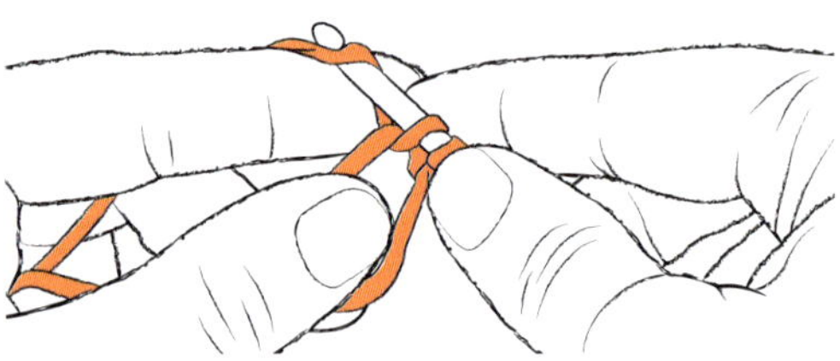

5

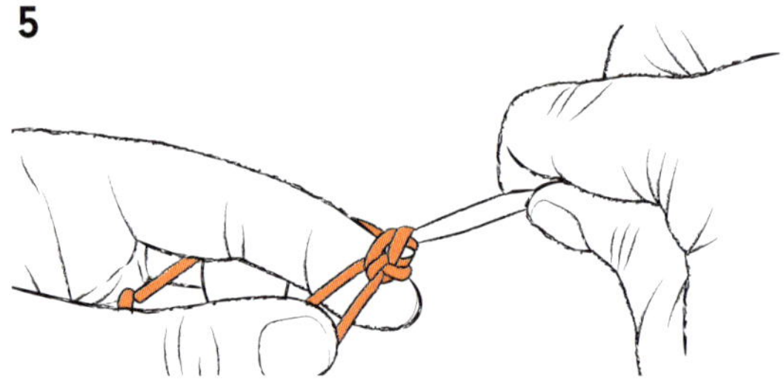

6

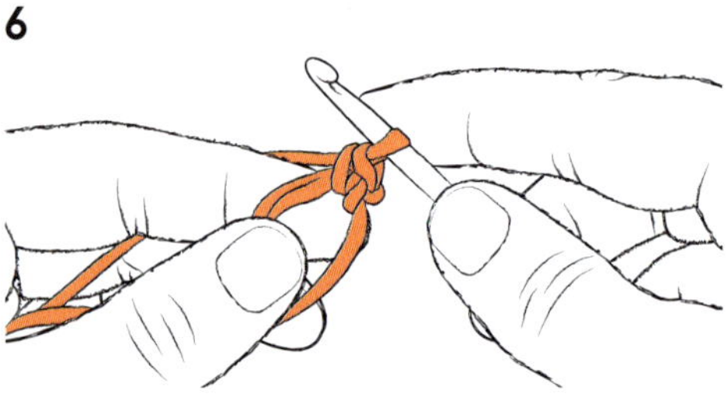

7

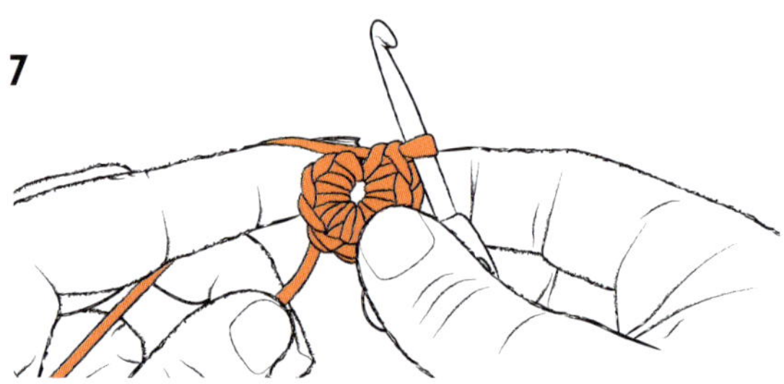

Der Fadenring wird beispielsweise für den Beginn der Tiernasen verwendet.

Farbwechsel innerhalb einer Reihe

Wie sauber die Farbwechsel ausgeführt werden, kann die Wirkung eines fertigen Häkelmodells stark beeinflussen. So wechseln Sie die Garnfarbe beim Häkeln in festen Maschen:

1 Die letzte Masche vor dem Farbwechsel so weit häkeln, bis noch zwei Schlingen auf der Häkelnadel liegen.

2 Den Faden in der alten Farbe hängen lassen und den Faden in der neuen Farbe über diesem Faden holen. Den Faden in der neuen Farbe durch beide Schlingen in der alten Farbe ziehen (= die letzten 2 Schlingen bereits in der neuen Farbe abmaschen).

3 Mit der neuen Farbe eine feste Masche in die nächste Masche arbeiten wie gewohnt.

1

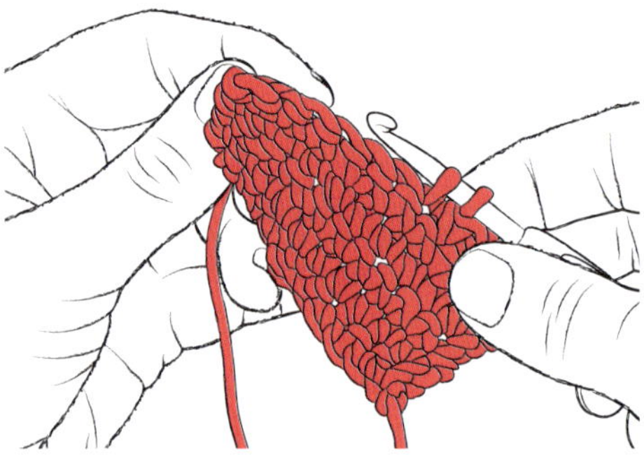

2

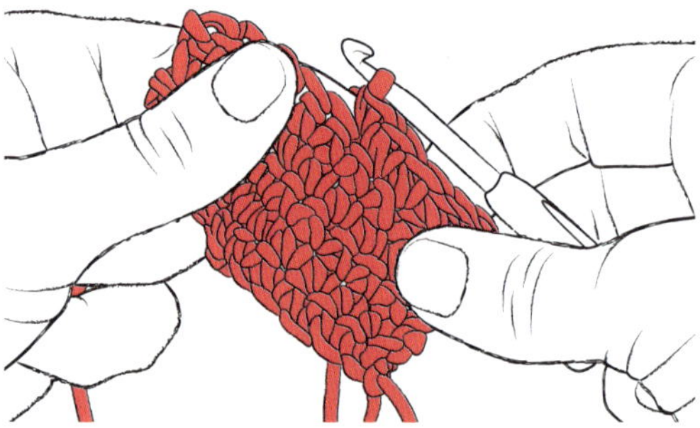

3

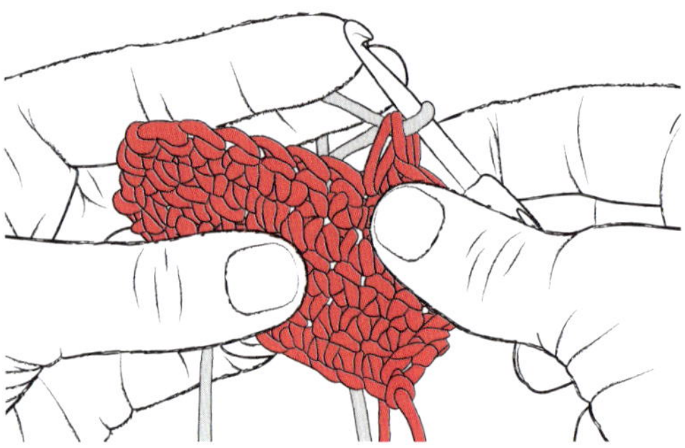

Maschen zunehmen (1 M verd)

Um eine Masche zu verdoppeln und dadurch eine Masche zuzunehmen, häkelt man eine Masche wie gewohnt und arbeitet dann eine zweite Masche in dieselbe Einstichstelle der Vorreihe oder -runde.

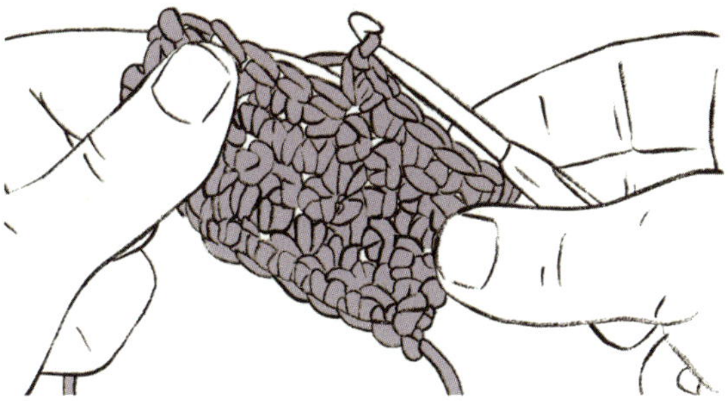

Maschen abnehmen (2 fM zus abm)

1 Die Häkelnadel in die nächste Masche einstechen, den Faden holen und durchziehen, dann die Häkelnadel in die folgende Masche einstechen, den Faden holen und durchziehen (= 3 Schlingen auf der Häkelnadel).

2 Den Faden holen und durch alle drei Schlingen ziehen.

1

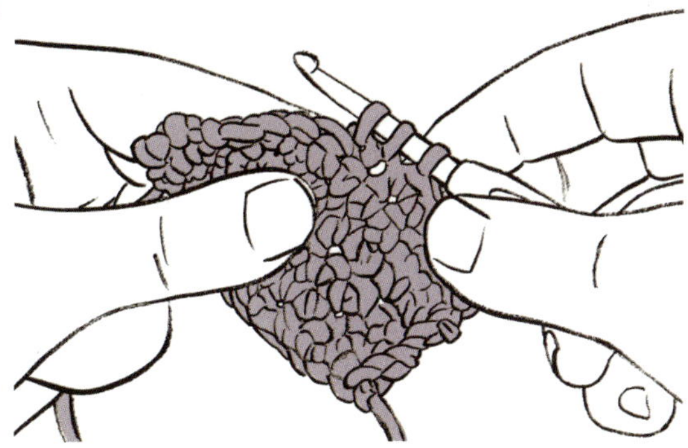

2

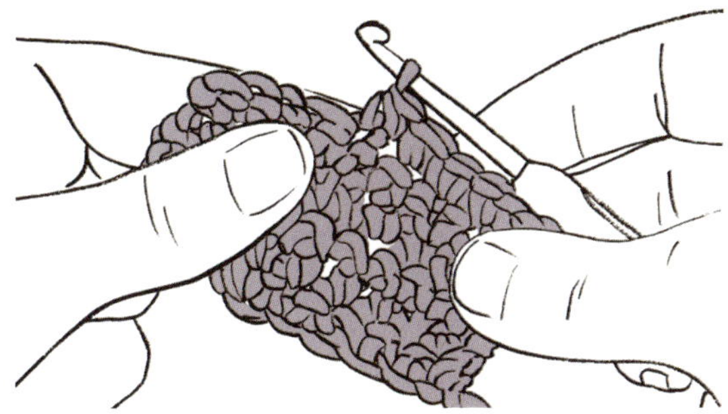

Krebsmasche

Krebsmaschen ergeben eine saubere, kordelähnliche Abschlusskante. Sie kommen bei einigen Projekten vor, beispielsweise bei Rogers Jacke (siehe Seite 69). Für Krebsmaschen werden feste Maschen in der entgegengesetzten Richtung, also von links nach rechts gehäkelt. Das ist vielleicht etwas ungewohnt, aber die Mühe lohnt sich.

1 Von der rechten Seite der Arbeit die Häkelnadel von vorne nach hinten in die Masche direkt neben der letzten Masche einstechen. Die Häkelnadel leicht nach unten richten und den Faden auf der Rückseite der Arbeit holen. Den Faden durch die Masche ziehen. Dann den Faden noch einmal holen und durch beide Schlingen ziehen.

2 Auf diese Weise weiterhäkeln bis zum Ende der Reihe oder Runde.

1

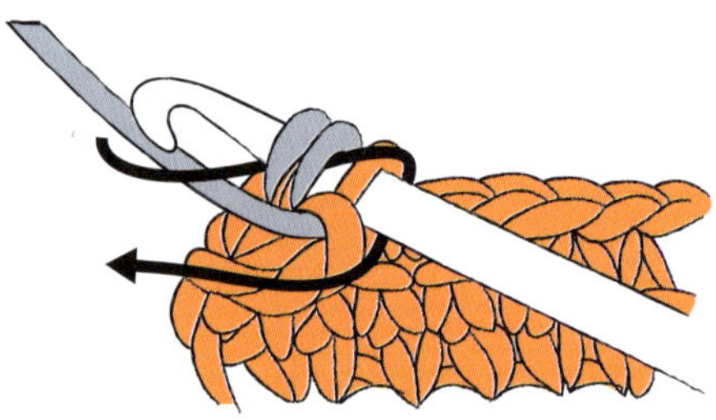

2

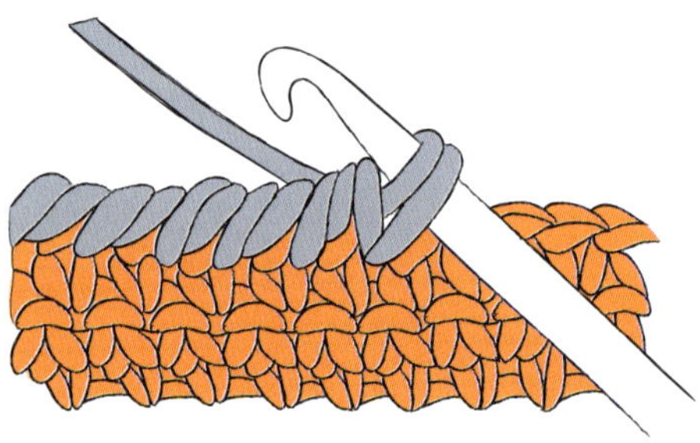

Muscheln häkeln

Eine Muschel entsteht dadurch, dass mehrere Maschen in eine einzige Masche der Vorreihe oder -runde gehäkelt werden. Damit die Häkelarbeit insgesamt flach bleibt, müssen dafür eine oder mehrere Maschen der Vorreihe oder -runde übergangen werden. Der dekorative Effekt wurde beispielsweise für die Zierkante an Mollys Trägerrock eingesetzt (siehe Seite 44).

1 Die in der Anleitung angegebene Zahl von Maschen übergehen.

2 Je nach Anleitung 4 oder 5 Stäbchen in die nächste Masche häkeln. Anschließend die angegebene Zahl von Maschen übergehen.

3 In die nächste Masche 1 Kettmasche arbeiten. Auf diese Weise weiterhäkeln bis zum Ende der Reihe oder Runde.

1

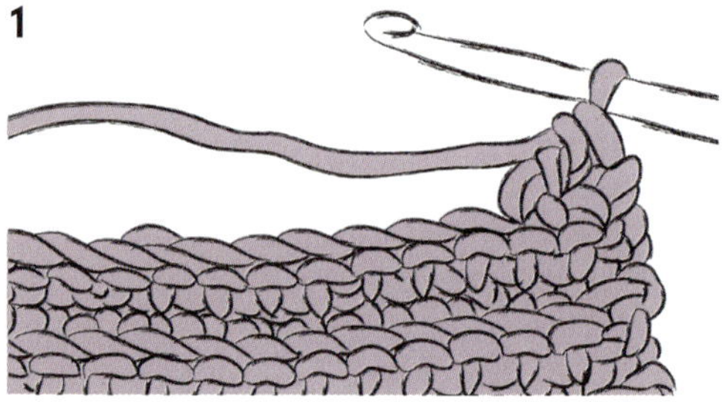

2

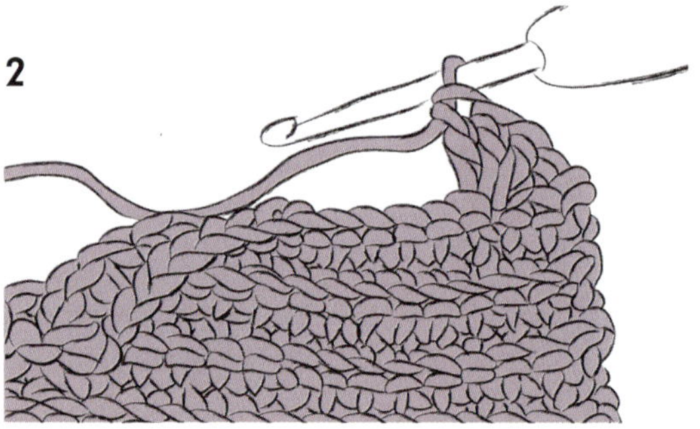

3

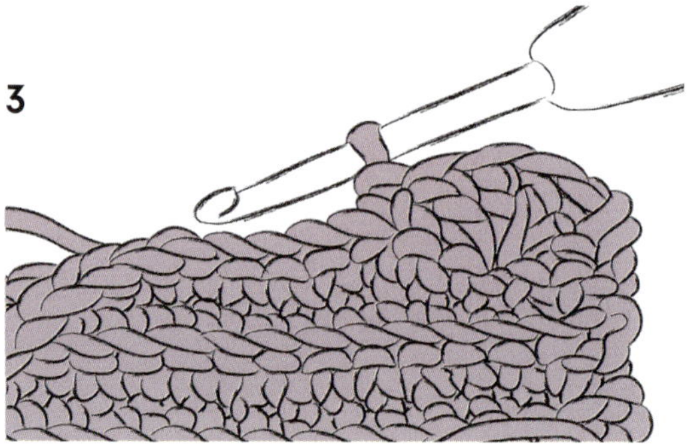

Die Oberkante von Peggys Kleid (siehe Seite 32) ist dekorativ mit Krebsmaschen behäkelt.

Den Saum ziert eine Muschelkante.

Der letzte Schliff

Damit Ihr Häkeltier sich zum täglichen Knuddeln und Spielen eignet, muss es robust und strapazierfähig sein. Das bedeutet, dass Sie es sorgfältig fertigstellen und die Einzelteile fest zusammennähen müssen. Sie können dazu die Fadenenden verwenden, die nach dem Häkeln hängen geblieben sind (vorausgesetzt, sie sind lang genug). Gliedmaßen und Körper verbinden Sie am besten mit kleinen sauberen Stichen miteinander. Achten Sie beim Annähen des Kopfes und des Schwanzes darauf, dass die Öffnung rund bleibt und nicht flach gedrückt wird.

Überwendlicher Stich

Mit überwendlichen Stichen kann man zwei Lagen von Häkelteilen zusammennähen. Ein Fadenende verknoten, das andere in eine Wollnadel einfädeln. Die Nadel von der linken zur rechten Seite der Arbeit ausstechen, dann beide Teile links auf links aufeinanderlegen. Die Nadel erst durch das hintere und dann durch das vordere Teil nach vorne ausstechen und diesen Stich entlang der Kante in kleinen, gleichmäßigen Abständen stets wiederholen. An der Kante entsteht eine Reihe kleiner Stiche, die beide Teile verbinden.

Naht mit überwendlichen Stichen

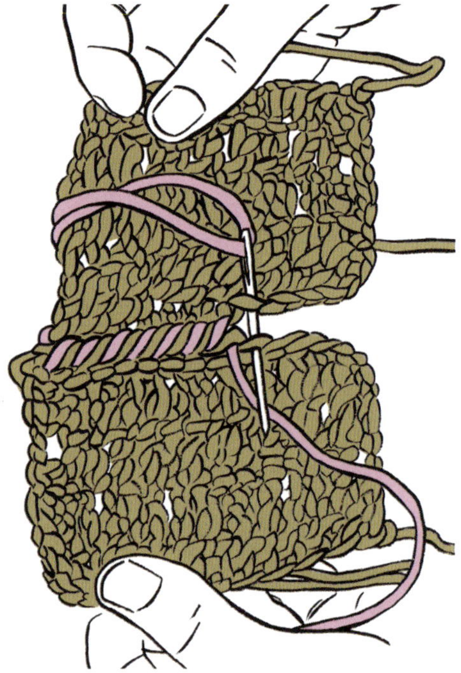

Zusammenhäkeln mit Kettmaschen

Beide Häkelteile rechts auf rechts aufeinanderlegen. Die Häkelnadel am Beginn der Naht durch beide Teile einstechen und den Faden durchziehen, dann eine Kettmasche arbeiten. Eine Reihe von Kettmaschen häkeln, dabei immer durch beide Lagen zugleich einstechen.

Verbindung mit Kettmaschen

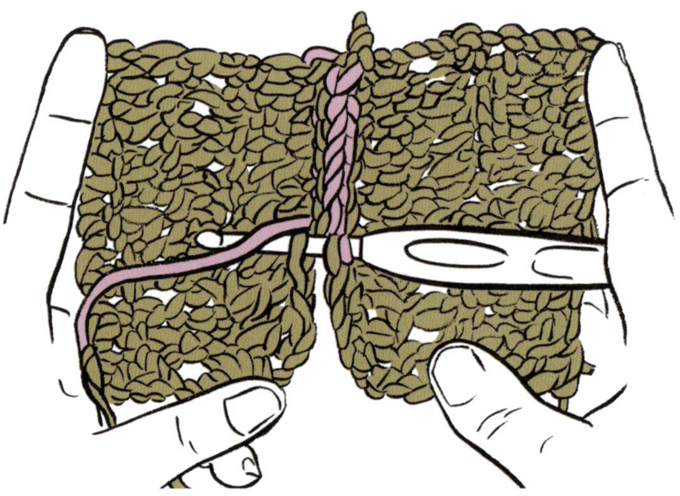

Tipp

Überprüfen Sie beim Vernähen von Fäden immer die rechte Seite Ihrer Arbeit: Dort sollten keine Vernähfäden oder Fadenenden sichtbar sein. Ziehen Sie die Fadenenden immer zur linken Seite der Arbeit durch, wo sie nicht zu sehen sind.

Fadenenden vernähen

Achten Sie darauf, alle Fadenenden zu vernähen, damit Ihr Häkelmodell wirklich professionell aussieht.

1 Das Fadenende in eine Wollnadel oder stumpfe Sticknadel einfädeln und auf der linken Seite der Arbeit vernähen. Zunächst in einer Richtung entlang einer Maschenreihe nähen, dann in der Gegenrichtung zurücknähen.

2 Das Fadenende hinter der ersten Häkelrippe auf mindestens 5 cm Länge vernähen und das überstehende Ende dicht über der Häkelarbeit abschneiden.

1

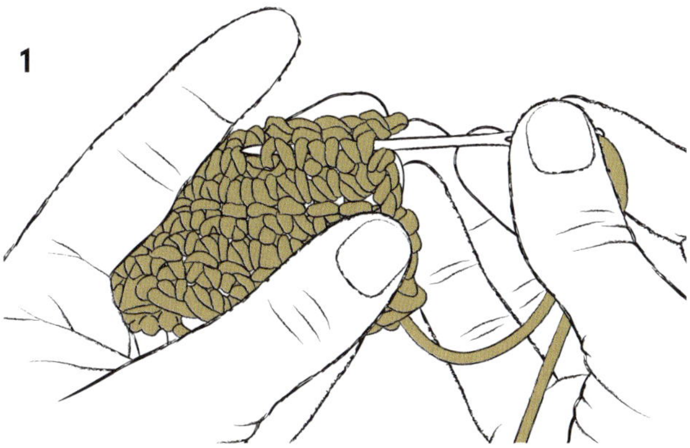

2

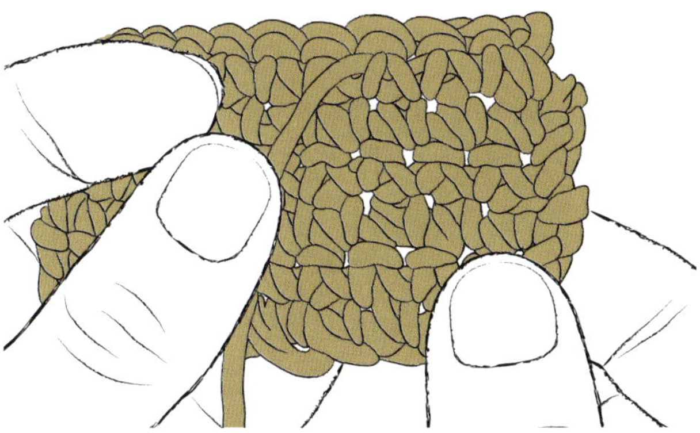

Pompons mit dem Pompon-Maker anfertigen

1 Beide „Arme" auf einer Seite des Pompon-Makers ausklappen und zusammen dicht mit Garn umwickeln, bis diese Seite komplett mit Wicklungen gefüllt ist.

2 Die „Arme" der anderen Seite genauso umwickeln.

3 Beide Seiten wieder schließen, sodass der Pompon-Maker einen Kreis bildet. Mit einer spitzen, scharfen Schere die Wicklungen zwischen den Armen des Pompon-Makers aufschneiden.

4 Ein ca. 30 cm langes Fadenstück in der Mitte zwischen den beiden Hälften des Pompon-Makers durchziehen und fest verknoten, um den Pompon abzubinden.

5 Die „Arme" wieder ausklappen und die beiden Hälften des Pompon-Makers vorsichtig auseinanderziehen und entfernen. Den Pompon mit einer Schere gleichmäßig zurechtschneiden, sodass er sauber und flauschig aussieht.

1

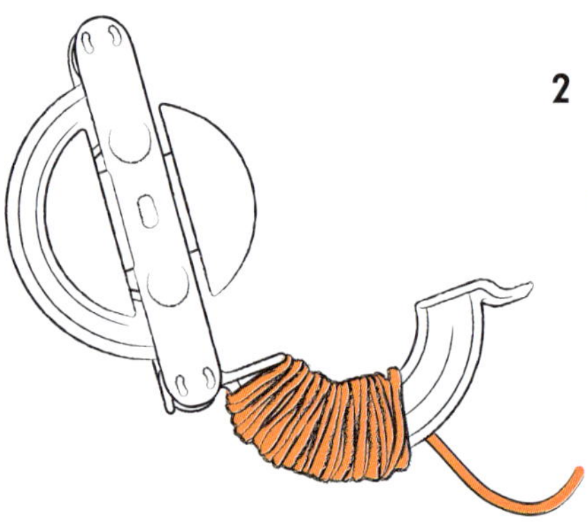

2

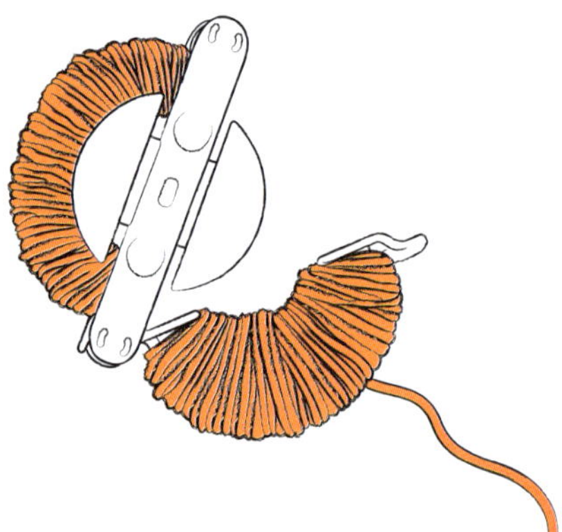

3

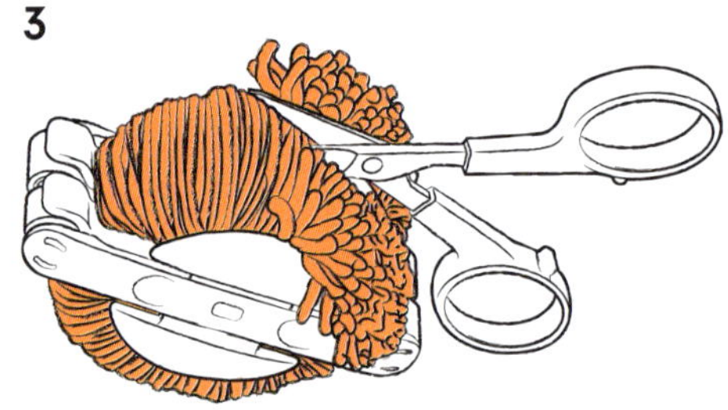

4

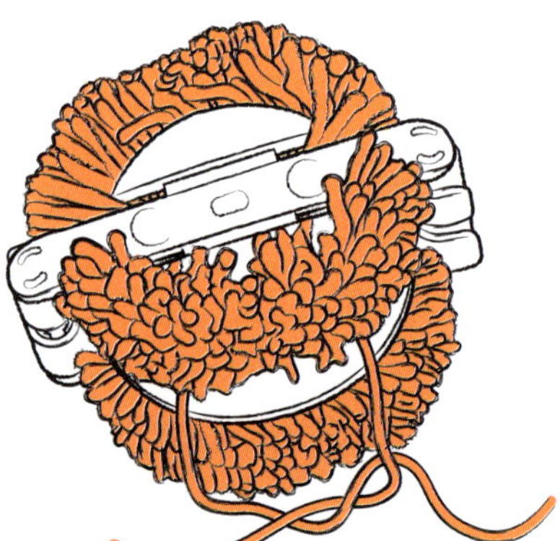

5

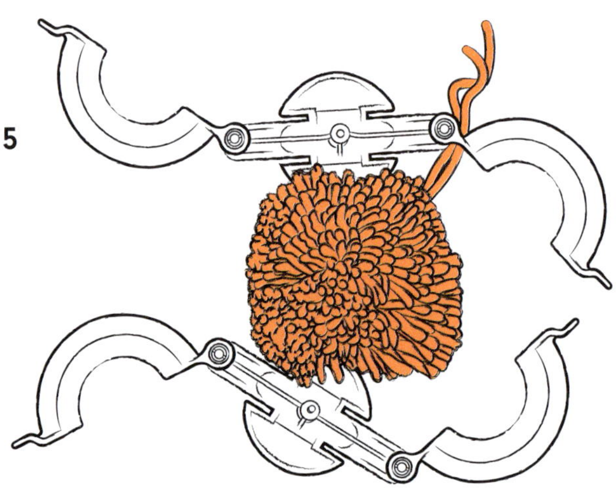

Fransen einknüpfen

Die Mähnen der Zebras und die Schwänze der Elefanten und Löwen entstehen durch eingeknüpfte Fransen. Dazu zieht man Fadenstücke durch die Maschen der Häkelarbeit.

1 Ein 10 cm langes Fadenstück mittig zusammenlegen. Die Häkelnadel hinter einer Häkelmasche einstechen und die Schlinge zur Vorderseite durchziehen.

2 Die Schlinge ein kleines Stück weit herausziehen.

3 Die Häkelnadel aus der Schlinge ziehen und die Fadenenden durch die kleine Schlinge führen.

4 Die Fadenenden fest anziehen. Wenn alle Fransen eingeknüpft sind, die Fadenenden auf die gleiche Länge zurückschneiden.

1

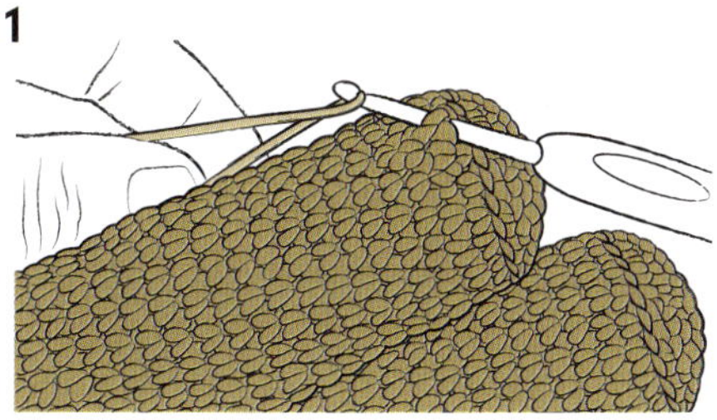

2

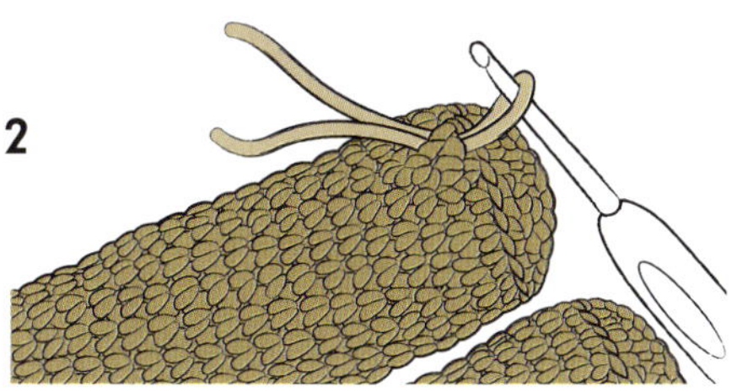

3

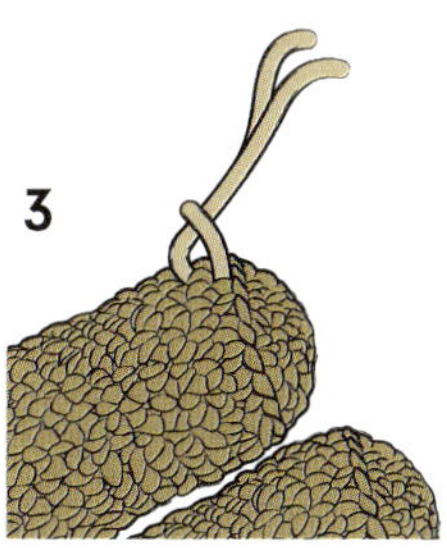

4

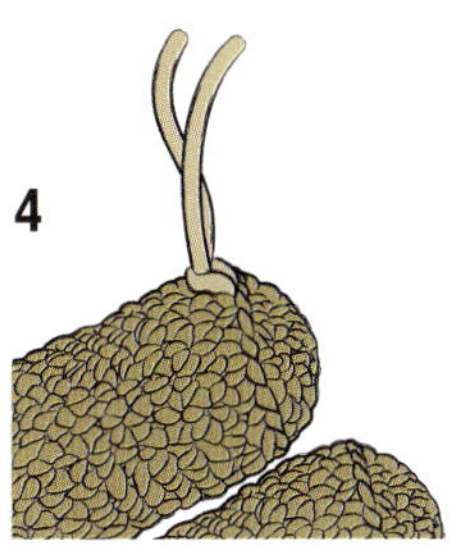

Maisie ist ganz offensichtlich stolz darauf, eine echte Strandschönheit zu sein.

Billys Schmunzeln deutet an, dass er mehr weiß als unsereiner.

Adas freundlicher Ausdruck zeigt, dass sie lieb und hilfsbereit ist.

Der richtige Ausdruck

Sie können ein wenig experimentieren, um den Gesichtern Ihrer Tiere einen charakteristischen Ausdruck zu verleihen. Verwenden Sie farblich passendes Garn und arbeiten Sie einen kleinen Stich unter den Augen. Dann ziehen Sie die Nadel zum Hinterkopf durch. Wenn Sie den Faden anziehen, verändert sich die Gesichtsform. Probieren Sie aus, wie dadurch die Nase stärker betont wird.

Sticken Sie kurze Spannstiche als Wimpern auf: So bekommt Ihr Tier einen besonders sanften Blick.

Kettmaschen aufhäkeln

Mit Kettmaschen lässt sich eine saubere Linie zwischen zwei Häkelreihen aufhäkeln. Den Faden auf der linken Seite der Arbeit halten und mit der Häkelnadel zwischen den Maschen nach vorne durchziehen. Die Häkelnadel bei der nächsten Masche einstechen, eine weitere Schlinge nach oben holen und durch die erste Schlinge ziehen, sodass eine Kettmasche entsteht. (Sie ähnelt dem gestickten Kettenstich.) Am Ende der Linie den Faden abschneiden und nach vorne durch die letzte Schlinge ziehen.

Dann das Fadenende mit einer Wollnadel über die letzte Schlinge hinweg wieder nach hinten führen und auf der Rückseite der Arbeit vernähen.

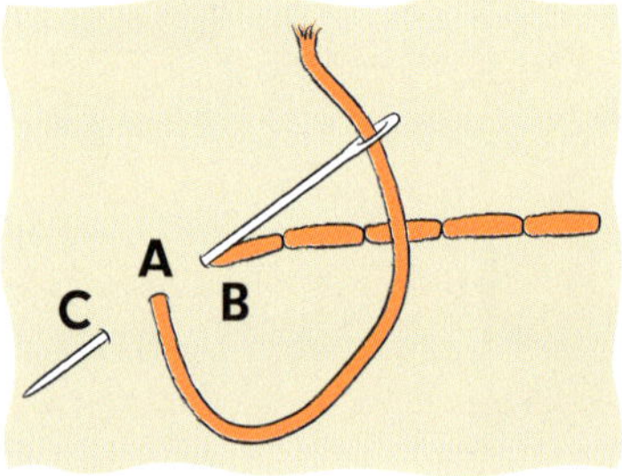

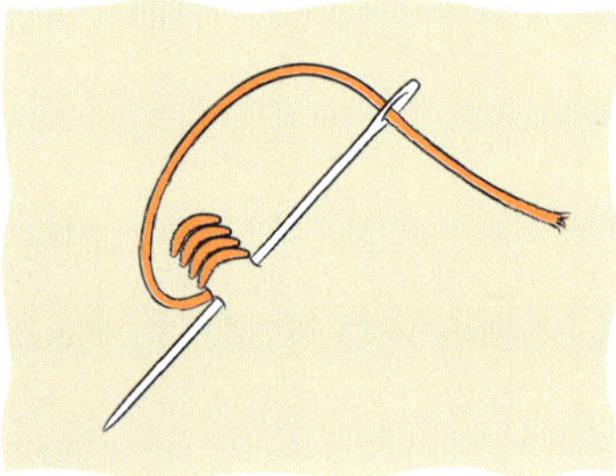

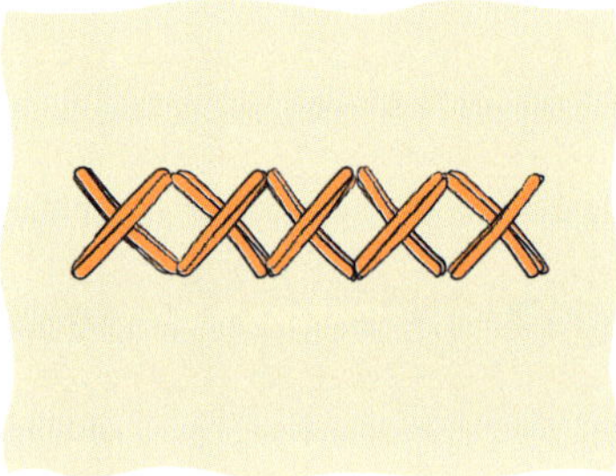

Rückstich

Mit Rückstichen lassen sich ausgezeichnet gerade Linien sticken. Die Nadel bei Punkt A nach oben aus- und bei Punkt B wieder einstechen. Dann bei Punkt C aus- und bei Punkt A wieder einstechen. Auf diese Weise weitersticken, sodass eine saubere, fortlaufende Linie entsteht.

Plattstich

Mit Plattstichen lassen sich größere Flächen füllen. Ich habe den Plattstich für die Nasen der Zebras und der Affen verwendet. Arbeiten Sie Spannstiche dicht nebeneinander.

Kreuzstich

Jeden einzelnen Kreuzstich über eine feste Masche sticken. Dabei stets einen Kreuzstich beenden und erst dann zum nächsten übergehen. Alle Grundstiche sollten in eine, alle Deckstiche in die andere Richtung weisen. Den Faden dabei nicht zu fest anziehen, damit sich die Häkelarbeit nicht verzieht.

Jeffs Nasenlöcher sind im Plattstich gearbeitet.

Kreuzstiche verleihen Barbaras Häschenhausschuhen die besondere Note.

Mollys Mund ist mit Rückstichen, ihre Nase mit Plattstichen gestickt.

Spannen

Eine der nützlichsten Techniken, die Sie lernen können, ist das Spannen des fertigen Häkelmodells. Das Spannen kann die Form Ihrer Projekte tatsächlich verändern. Während des Arbeitsprozesses werden die Fasern des Garns oft zerknautscht und zerknittert. Durch das Spannen können sich die Fasern entspannen, und das Maschenbild wird ausgeglichen.
Die Tiere in diesem Buch müssen nicht gespannt werden und kommen durch das Ausstopfen in Form, doch alle Kleidungsstücke bekommen durch das Spannen den letzten Schliff, bevor Sie Ihre Tiere damit anziehen.
Legen Sie das Häkelmodell auf einem Bügelbrett oder einer ähnlichen Unterlage (flach und gepolstert) aus. Dann beginnen Sie an einer Ecke und stecken das Modell mit Stecknadeln auf, wobei Sie es vorsichtig in die gewünschte Form ziehen. Wenn Sie rund um die Kanten arbeiten, stellen Sie möglicherweise fest, dass Sie an einer Stelle stärker gezogen haben als an einer anderen. Dann entfernen Sie einfach die Stecknadeln und korrigieren die Form. Sobald Sie mit dem Ergebnis zufrieden sind, sprühen Sie die Häkelarbeit mit lauwarmem Wasser ein und lassen sie trocknen.
Wann immer Sie Modelle auf diese Weise spannen, müssen Sie die Arbeit vollständig trocknen lassen, bevor Sie die Nadeln entfernen. Am besten lassen Sie Ihr Werk zwei oder drei Tage lang trocknen.

Hersteller der Originalgarne

Für die in diesem Buch vorgestellten Projekte wurden Garne der folgenden Hersteller verwendet, auf deren Webseiten Sie im Allgemeinen Hinweise auf Handarbeitsgeschäfte in Ihrer Gegend oder auf Online-Shops finden. Wenn Sie die Originalgarne nicht im Handel erhalten oder eigene Garne oder Garnreste verwenden wollen, orientieren Sie sich bitte an der Materialzusammensetzung und Lauflänge des jeweiligen Originalgarns.

James C. Brett

Monarch Mill, Clyde Street, Bingley, West Yorkshire, BD16 2NT
www.jamescbrett.co.uk

Debbie Bliss

www.debbieblissonline.com
In Deutschland über www.lovecrafts.de

Rowan

www.knitrowan.com
Über MEZ GmbH, Hauptstr. 78, 79336 Herbolzheim,
Tel. +49 (0) 7643 3330-288 (Endverbraucherservice),
E-Mail: endverbraucherservice@mezcrafts.com,
Internet: www.mezcrafts.com

Scheepjes

Mercuriusweg 16, 9482 WL Tynaarlo, Niederlande,
www.scheepjes.com

Die Autorin

Emma Varnam hat schon als Kind stricken gelernt und hat in ihrer Jugend mit größtem Vergnügen genäht und in ihrer Freizeit kleine Projekte gestaltet. Sie ist ausgebildete Kunstkuratorin und Museumsleitern und arbeitet heute in der Kommunalverwaltung. Obwohl sie nach wie vor in ihrem Beruf tätig ist, hat sie nie aufgehört, kreativ tätig zu sein. In ihren Zwanzigerjahren hat Emma Varnam Kleidungsstücke für Freunde und arme, arglose Patenkinder gestrickt, doch erst als sie selbst einen Sohn hatte, begann sie, eigene Modelle zu entwerfen. Von der kindlichen Fantasie inspiriert, kreiert sie gern Kleidungsstücke und Spielsachen, die andere zum Lächeln bringen.
Emma Varnams Arbeit als Designerin hat sich innerhalb der vergangenen zehn Jahre weiterentwickelt. Die Autorin hat nicht nur eine Reihe sehr beliebter Häkelbücher verfasst, sondern auch eng mit Garnherstellern und Händlern zusammengearbeitet, um exklusive, moderne Modelle zu entwerfen. So hat sie beispielsweise mehrfach erfolgreich mit der gefeierten Strickdesignerin Debbie Bliss kooperiert.
Im Internet lässt Emma Varnam ihre Fans auf ihrem preisgekrönten Strick- und Häkelblog an ihrer Inspiration und ihren Gedanken teilhaben:
emmavarnam.co.uk

„Mein Blog handelt von diesen Augenblicken kreativer Magie und von der Freude an den kleinen Dingen im Leben."
Emma Varnam

Dank der Autorin

Ich war begeistert davon, wie mein vorhergehendes Buch „Zauberhafte Häkeltiere" herausgekommen ist, und ich wusste gleich, dass es schön sein würde, die kuschelige Familie zu vergrößern. Das liegt ganz wesentlich an der höchst erfreulichen Zusammenarbeit mit dem wundervollen Verlagsteam. Alle Mitarbeiter kümmern sich mit Leidenschaft und Hingabe um ihre Handarbeitsbücher, damit das Ergebnis perfekt gelingt, und ich betrachte es als Glück, mit ihnen zusammenarbeiten zu dürfen. Meine Lektorin Wendy McAngus ist einfach unschätzbar: Sie bringt mich zum Lächeln, und dass sie an mich glaubt, spornt mich zusätzlich an. Ich danke auch Jonathan Bailey, dem Verleger, der auf den Erfolg meiner Projekte vertraut. Dank schulde ich auch der wundervollen Fotografin Rebecca Mothersole und dem Illustrator Martin Woodward sowie Jude Roust für das Überprüfen der Anleitungen.
Außerdem danke ich einigen Garnherstellern und -händlern für ihre Unterstützung: Love Crafts für das fantastische Debbie-Bliss-Garn, dem Rowan-Team, das ebenfalls Garn zur Verfügung stellte, sowie Sara und dem Team von Black Sheep Wools für ihre fortwährende Hilfe und dafür, dass sie und ihr traumhaftes Handarbeitsgeschäft mich mit dem Scheepjes-Garn versorgten.
Dank geht auch an die großartige Debbie Bliss, eine fantastische Freundin und Garnheldin. Darüber hinaus danke ich Lucy (Attic 24) und Christine (Winwick Mum) dafür, dass sie es mit mir aushalten und mich inspirieren. Cheerleaders zu haben ist so wichtig!
Und schließlich bin ich meiner Familie dankbar dafür, dass sie mit mir über die verrückten Dinge, die ich kreiere, lacht und sich dafür begeistert. Benjamin und Robert, ich liebe euch.

Register

Titel der Originalausgabe
Cute Crocheted Wild Animals
Zuerst veröffentlicht 2020 in Großbritannien von
Guild of Master Craftsman Publications Ltd, Castle Place,
166 High Street, Lewes, East Sussex BN7 1XU

Text © Emma Varnam, 2020
Copyright in the Work © GMC Publications Ltd, 2020

Deutsche Erstausgabe

Copyright der deutschen Übersetzung: © 2020 Weltbild GmbH & Co. KG, Werner-von-Siemens-Str. 1, 86159 Augsburg
Fotos: Rebecca Mothersole
Illustrationen (Häkeltechniken): Martin Woodward
Übersetzung und Redaktion der deutschen Ausgabe:
Helene Weinold, Violau
Satz: Joe Möschl, München
Umschlaggestaltung: Atelier Lehmacher, Friedberg (Bay.)

Gesamtherstellung: Typos, tiskařské závody, s.r.o., Plzeň

Printed in EU

ISBN 978-3-8289-5098-6

Alle Rechte vorbehalten. Kein Teil des Werkes darf in irgendeiner Form (durch Fotokopie, Mikrofilm oder ein ähnliches Verfahren) ohne die schriftliche Genehmigung des Verlages reproduziert oder unter Verwendung elektronischer Systeme verarbeitet, vervielfältigt oder verbreitet werden.

Besuchen Sie uns im Internet:
www.weltbild.de